独立外交官

国際政治の闇を
知りつくした男の挑戦

カーン・ロス［著］
北村陽子［訳］

英治出版

INDEPENDENT DIPLOMAT

Dispatches from an Unaccountable Elite

by

Carne Ross

Originally published in the United Kingdom by
C. Hurst & Co. (Publishers) Ltd, London.
Japanese translation published by arrangement with
C. Hurst & Co. (Publishers) Ltd.
through The English Agency (Japan) Ltd.

戦争が死に絶え、死刑台が死に絶え、
国境が死に絶え、王権が死に絶え、
教義《ドグマ》が死に絶え、人が生きるようになる

――ヴィクトル・ユーゴー

カーメンに

独立外交官◆目次

＊原注は番号を振り巻末に掲載。
＊訳注は本文中に［……］として記した。

第1章 国連安全保障理事会

ニューヨーク、国連安全保障理事会。国際問題を動かすコックピットであるとともに、僕の職場でもあった場所に戻ってきた。

安保理の議場も、いくつもの部屋も、迷宮のような廊下も、僕にとってはなじみ深い。すみずみまで知りつくしている。協議の報告のためロンドンの外務省に（あるいは恋人に）声をひそめて電話するにはどこがいいか、他の外交官にひそかに圧力をかけるにはどこがいいか（〝廊下外交〟には適した建物だ）、他国の外交官や報道陣に邪魔されずにひとときの安らぎを得られるのはどこかも知っている（国連でうたたねにぴったりの場所について本を書いた元フランス大使がいた。そういう場所はたくさんある）。まさに僕のホームグラウンドだ。

安保理の正式な議場は、国連本部の奥深くにある。そこにたどり着くには長く入り組んだ廊下を抜けていかなければならない。案内表示はまったくない。でも、行き方は頭に入っている。入口を通るとき、事務局のスタッフにあいさつする。長年の仕事仲間だ。

「元気ですか？……ええ、おかげさまで」

他の外交官の姿もちらほら見え、短く言葉を交わす。僕は笑顔で議場に入り、閉め切った部屋の空気の匂いを感じる（議場には窓がない）。ほのかな明かりに照らされた、落ち着いたしつらえの議場は、国の存在がかかった政治の重みと厳粛さをかもし出している。

議場を支配しているのは会議テーブル。大きなU字型の木のテーブルで、そのまわりに柔らかなブルーの椅子が配置されている（一五の理事国用だ）。テーブルの向こうの壁には、巨大な壁画。ノルウェーから寄贈されたこの絵は、機械と人間を描いた難解なパノラマだ。どういう意味がこめられているのだろう、と長い会議の間、ときどき思いめぐらしたものだ。

U字の内側は他より一段低くなっていて、長テーブルに事務局スタッフが座っている。会議を記録して注釈をつけている彼らは、ほとんど気づかれない存在だ。

横のほうを見ると、会議テーブルから五メートルほど離れたところに、安保理理事国以外の加盟国用の椅子が階段状に並んでいる。その上の、さらに遠く離れたところに、「一般傍聴席《パブリック・ギャラリー》」がある。ただし、一般の入場が許可されるのは、議場にだれもいないときだけ。――まさに権力と影響力の縮図だ。

僕は無意識に会議テーブルに向かって歩く。イギリス代表団の席だ。でも、途中で立ち止まらなくてはならない。僕はもうイギリスの外交官ではないのだ。会議テーブルに僕の席はない。

いま、僕はコソボ代表団の一員だ。

国連に承認されていないコソボには、国名のプレートさえ用意されていない。

僕は気持ちをぐっと飲みこんで、会議テーブルの横のほう、「正式な」理事会に際して他の加盟国がオブサーバーとして座ることになっている席へ向かう。コソボ代表団は今回だけ、ここに座ることを特別に許されているが、決まった席が用意されているわけではない。

これが安保理への初の公式訪問となるバイラム・コスミ首相でさえ、議事のメモを取る下級外交官に混じって、席を探さなければならない。

首相の通訳は近くの大学からきたボランティアの学生で、彼は首相のすぐ後ろ、耳元でアルバニア語をささやけるところに座る。公式には、コスミ首相には通訳さえ用意されていないのだ。ここで議論されるのは彼の国の将来だというのに。

コスミ首相は、民主的に選ばれた政府の首班でありながら、選挙を経たわけでもない一国連職員をトップとするＵＮＭＩＫ（国連コソボ暫定統治機構）の一員という資格で参加しているにすぎない。首相は理事会テーブルの近くに座ることを許されていない。一九九九年に実質的にコソボから追われたセルビアの大統領ボリス・タディッチとは、待遇に差がある。

タディッチは、あいさつの際、侮蔑するかのように言った。

「コソボのアルバニア人のリーダーの、国連への出席を歓迎する」

コスミ首相には、これに応えて発言する権利がない。

名誉コソボ人として

首相のとなりで、かつて自分がいた理事会テーブルから離れた席についた僕は、どうにも気分が落ち着かない。

イギリスの外交官として理事会に出席していた日々が頭をよぎる。肩で風を切って歩いていた。五つの常任理事国が運営する安全保障理事会。その公式会議の間（今回の会議もその一つだ）、僕は議場を歩きまわり、友人や同僚と情報交換して他の理事国の動向を探り、大使と連絡をとり、事務局スタッフと言葉を交わしていた。サイドオフィスをのぞいてパソコンを借り、大使の談話のためのメモを書いたり、配布用に声明の原稿をコピーしたりしたものだ。理事国代表団用の柔らかい椅子に悠然と座り、ノートや携帯電話を手に、仕事に余念がなかった。なにしろ、そこは僕たちの領分だったのだ。

いま、僕は名誉コソボ人としてここにいる。そして、安保理におけるコソボの地位の低さに、気後れを感じている。議場の入り口に立つ屈強な警備員の横を通るとき、臨時の通行証に不備があって引っかかるのではないかと心配になる。理事国の外交官に訊くべきことがたくさんあるのに、彼らがかつての僕のように忙しそうにしているのを見ると、邪魔してはいけないという気持ちがわいてくる。テーブルから離れた僕は、ちょうど大聖堂《カテドラル》で礼拝中の司教の邪魔をするのを控える小役人のように、理事国の代表団に近づくのをためらってしまう。

僕はかつての気力と自信を取り戻そうとするが、うまくいかない。その代わり、気後れも手伝って、理事会テーブルの人たちへの不満が募ってくる。名前も知らない彼らの退屈そうな顔に、いらだちをぶつけたくなる。もちろん、彼らのなかに、昔の自分がいるのがわかる。彼らの無関心は、かつて僕のものだった。

コソボ代表団の身になったいま、僕は歯がゆい思いをしている。アルゼンチンやタンザニアの代表団が、どのような紛争にでも使えそうな決まり文句（「双方に、いっそうの歩み寄りの努力が求められる」など）を長々と述べる一方で、自国の問題を協議する場に出席するために八〇〇〇キロもの道のりをやってきたコスミ首相には、発言権さえないのだ。

コスミ首相の安保理訪問の段取りは僕がしたのだが、それはなかなかいい勉強になった。国連は僕たちへの対応に、末端の職員をあたらせた。そのため僕たちの出す要望は、国連の組織ピラミッドをいちばん下からはるか上まで登っていかなければならず、とてつもなく時間がかかった。

たとえば、この歴史的なできごとに際して報道陣にブリーフィング（事前説明）をするため、僕たちは国連の記者会見室の使用許可を求める。コソボの首相が初めて、自国をめぐる安保理協議に出席するのだ。だが、使用不可と言われる。後になって、国連特別代表が会見室でブリーフィングをしていることが偶然わかる。

ミーティングを申し入れると、上級職員は姿を消し（「緊急の用件がありまして」）、下級職員が代理になる。アメリカ大使は僕たちに会うことを拒否する。下っ端が出てきて言うには、大使は「まったく関心をお持ちでない」とのこと。オーストリアの代表団（このときのEU議長国）は、EU各国の大使とのミーティングを仲介してほしいという依頼を、あっさり拒否する。「前例がありません」

僕たちは悪態とため息をついて電話を切るしかない。コソボ代表団のためには部屋も用意されていない。代わりにコーヒーラウンジでずっと過ごすのだ（ありがたいことに、少なくともラウンジは禁煙ではない）。

イギリスの大使が国連事務総長とのミーティングを求めれば、いつでもすみやかに認められる。ところがコソボの首相が求めると、前日の夜になるまで確定しない（要望は何週間も前から出しているのに）。もらえる時間はわずか十分そこそこ。事務総長のスタッフは僕たちに、「長居は無用」とはっきり示した。それでも、いずれコソボの歴史書に載るのだろう、事務総長との記念写真を撮ってもらったコスミ首相は、ていねいにお礼を言った。

イギリス代表団にいたとき、国連職員や他国の代表団は、僕たちの話を聞いてくれた。多くの場合、聞いているふりだけだったのはまちがいないが、国連の序列のなかでのイギリスの位置からすれば、そうするほうがいいと考えられていたようだ。しかし、コソボ代表団の人間に対しては、そんな敬意は必要ないらしい。下級職員は僕たちの要望にいらだちを隠さず、ときには話しながら露骨に冷笑することさえある。彼らは、コソボの首相が話しているときには口をはさんでもかまわないと思っている。イギリスの首相だったらどうふるまうだろうか。

僕はすっかり気がめいってしまう。コソボ人にどう感じるかと訊いてみたら、こう言われた。

「こんなのはいつものこと。慣れっこになっています」

訪問の最終日の晩。ぎくしゃくしたプロセスも、もどかしさもようやく終わり、僕たちは祝杯をあげた。ばか長いリムジンを数時間レンタルしてマンハッタンにくり出して、車の中でウォッカを飲んだり踊ったりする。それから、アルバニア系アメリカ人の「イタリアン」レストランで、たっぷりと飲み食いする。アルバニア語の喧噪のなかにいると、プリシュティナ〔コソボの首都〕にいるかのようだった。コソボ人でないのは僕ひとり。コスミ首相は、ミロシェビッチ政権時代のユーゴスラビアで政治犯として過ごした日々に生まれた国歌を歌った。

コソボ代表団とともにこのようなお祝いができるなんて、僕はそれまで思ってもみなかった。だが、首相と代表団にとって、安保理訪問はそれだけでも自国の発展の誇るべき瞬間であり、不満はあるものの、一つの達成だ。これもまた、独立を確実にする道筋の一歩なのだ。

国際連合

サイモン・シャーマの『フランス革命の主役たち』〔栩木泰訳、中央公論社、一九九四年〕によれば、フランス革命以前、ルイ一六世のベルサイユ宮殿は、

絶対主義の神秘的な雰囲気が保存維持されるように儀式的に管理された景観の中に造られていた。象徴的にも設計的にも、その中心に国王の私室が位置していた。国王との接触は宮廷作法により詳細に規定されており、接近するか距離を保つか、謁見を認められるか退去を命じられるかが、国王への伺候を許された貴族の序列を決定した。外からの訪問者に対ししだいに囲いを狭めていく方法を採用したため、市街地に面した宮殿外側は空間と時間を計算した広さになっていた。馬屋や一段と広い厨房のある付属建物《グラン・コマン》から、中心に国王の寝室のある「大理石宮殿」に至るまで、穴のあいた障壁や格子扉が幾重にも設けられ、外国大使はその一つひとつで談判し、許されて次の関門へと進む仕組みになっていた。

マンハッタン、イーストサイドにある国連本部は、残念ながらベルサイユにはほど遠い。しかし、一枚板のような高いビルには、独特の強烈な存在感がある。

一風変わったデザインは、ル・コルビュジエなどの設計だ。そのため観光バスが本部西側の一番

街に停まるし、イーストリバーの遊覧船もあたりをぶらつく。ベルサイユ同様、ここには観光客として来るか、招かれた客として来るかのどちらかだ。ベルサイユ宮殿の柵や格子にあたるのはガラスの壁。この壁を通して訪問者は、広い総会場や、がらんとした安保理議場をのぞき見ることができる（安保理開催中は、いわゆる「公開《オープン》」あるいは「一般《パブリック》」会議であっても、一般の入場は許可されない）。

国連で国連職員や自国の外交官に会うのは、国王への謁見《えっけん》と同じくらいむずかしい。どれほどむずかしいかによって、外交界におけるその国や機関の地位が見えてくる。国連事務局や国の国連代表部（加盟国を代表するオフィス）に入るには、前もってアポイントメントをとらなければならない。末端の職員に会うためでさえ、まず相手を知っていなければならないし（これだけでも簡単ではない）、会う必要があると彼らが納得する理由を示さなければならない。もっとも下っ端の役人でさえ、一般人が会える可能性はあまりない。国連大使や次官に会うには、こちらも外交や政治の世界で相応の地位（おそらく閣僚か長老議員）にいる必要がある。あるいは財界でもいい（外交においても、財力には特別の重みがある）。

ベルサイユ宮殿の内なる聖域と同様、事務総長室は、本部の建物のもっとも奥まった近づきがたいところ、つまり最上階（関係者には「三八階」として知られる）にある。専用エレベーターがこの頂上まで連れて行ってくれる。もしアポイントメントが確認され、経歴に十分な重みがあれば、小さな待合室に案内され、事務総長の限られた時間という、ありがたい贈り物を受けられる。

一七八九年の革命家たちは（一九一七年の革命家も）、政治を変えるとともに、外交の性質も変えようとした。一つめの目的は達成したが、二つめは成功しなかった。外交慣行には、革命の情熱は通用しなかった。外交は、選ばれたエリートだけが入れる閉鎖的な世界のままで、彼らの使う専門用語や語法を通してしか理解できない。

外交慣行はいまでは膨大で複雑になり、現代世界で僕たちに関わるほとんどすべての問題と切り離せない、グローバルなものになっている。それは、伝統的な国対国の二国間外交にも、国連、EU（欧州連合）やアフリカ連合、WTO（世界貿易機構）、G8（主要国首脳会議）、ASEAN（東南アジア諸国連合）といった多国間外交にも及ぶ。

そうした外交上の慣行は、何十年、何百年もかけてつくられてきた。そして、それと並行して、今日の外交官が自分の仕事について考えたり語ったりするとき、また他の人々（ジャーナリストや学者）が外交や国際情勢を論じるときの、思考法や前提も積み上げられてきた。二国間関係と多国間関係、どちらについても、同じではないがよく似た思考法がとられている。

本書で僕は、こうした慣行や前提を問いなおす。僕の個人的経験にもとづいて。

この本では、国連の将来や、アメリカの単独行動主義《ユニラテラリズム》をめぐる議論には触れない。そうした問題は他のところで十分扱われてきたし、そうした理論的な話には、世界情勢について単純すぎる思い込みを生んでしまう恐れがあると僕は思っている。ある意味で、こうした理論はどれも、理論であるかぎり、欠陥を免れない。ポーランドの作家、ヴィトルド・ゴンブローヴィッチ［一九〇四〜六九］

が言うように、理論とは、人生をすくいとる網のようなものだ（したがって、何かが、おそらく大切な何かが網の目をすり抜けてしまう）。

現代外交では、国家のふるまい、現実主義、新現実主義、新保守主義などをめぐる視野の狭い理論が前提になっており、そこに根本的な問題がある。本書が別の理論を提供できるとすれば、理論などというものはあるべきではない、ということだけだ。少なくとも、国際関係に万能の説明を与えてくれるような理論はあるべきではない（たとえ世界が万能のアプローチを必要としていたとしても。この点には後でまた戻ってくる）。

僕は、国際派的な世界観と単独行動主義的な世界観の、どちらか一方に与するつもりはない（どちらにも反対しない）。考えたいのは、国連事務総長（やアメリカ大統領）のようなトップの思考法が、どのような前提から生まれているのかということだ。特に、トップをまわりでサポートしている職員に注目しよう。彼らとその思考法は、もっとよく調査・分析され、明らかにされる必要がある。

閉ざされた世界

世界に広がるさまざまな国際機関のネットワークは、ある意味で外交の最大の成果だ。いまでは僕たちの生活のほとんどすべての側面について、たとえば、いま吸っている空気についてさえも、調停したり、場合によっては法律を制定したりするために、多国間・政府間の機構が存在している。このネットワークは心強い存在だ。どこにでもその監督が及ぶおかげで、世界の問題は放っておかれてはいないのだと信じることができる。

国際機関のマークもそういう印象を強めるようにできている。国連のマークの中央には、すっきりした地球がおかれ、世界の混迷がきれいな円のなかに収められている。色は、安心感を与える中間色の青だ。青は空や海を思わせ、漠然としてはいるが、醜さも血なまぐささも不協和も感じさせない。僕には色覚障害があるのだが、その僕でさえ、やわらかな色調や模様に心が安らぐほどだ。他の機関（ＥＵやＷＴＯ）でも、円形に並んだ星や融合した旗、むすんだ手と手などが、協力や連帯、温かな希望のシンボルになっている――たとえ実際にはそういうものがまったくないところでも。

こうしたネットワークは大きな業績をあげてきた。地雷禁止、温暖化防止、戦時下の児童保護の条約がつくられた。紙の上での約束が必ずしも守られていないとしても、国際的なネットワークは、紛争を終結させ、貧しい人々、戦争や災害に見舞われた人々への支援を集めるのに貢献してきた。国連による最近の調査によれば、戦争は少し前ほど荒れ狂ってはいない。そして、前世代よりも豊かになり、健康で長生きする人たちが増えている（もちろん、こうした成果が厳密にどんな要因によるのかについては議論の余地があるけれど）。

しかし、このネットワークには、崩壊の前ぶれとなる大きな欠陥がある。ＥＵでは「民主主義の赤字《デモクラティック・デフィシット》（不足）」と呼ばれている欠陥だ。

ネットワークを構成する機関は、いわば窓のない巨大な要塞だ。その組織の目的は正しいかもしれないが、要塞の中にいる人間たちの顔や名前はわからない。彼らの仕事も、隠されていることが多い。

善意の人であれ、意地の悪い怠慢な人であれ、要塞の中の無数の職員たちは、一つの共通の特徴をもっている。自分の行動に説明責任がないということだ。実際、彼らが何者なのか、一般人が知ることはほとんどない。この批判は、外交に関わる多国間機関だけでなく、世界でもっとも民主的な国々の外務省にもあてはまる。

カール・ポパー［一九〇二〜九四。哲学者］は、民主主義のメリットと欠陥について、生涯にわたって思索をつづけた。彼はファシズムや共産主義など市民の参加を制限する政府の形態を、民主主義と対比した。そして、民主主義は不完全ではあるが最高のものだと主張した。ただ、ポパーの思索の対象は、一つの国の統治のあり方にとどまっていた。

今日、僕たちが直面している問題は、ローカルであると同時にグローバルだ。

しかし、世界政府はないし、世界民主主義もない。

代わりにあるのは、共通の問題に対処するため、あるときは協力し、あるときは対立する国家の集まりだ。こうした国際機関（国連、ＥＵ）の職員がどのように装っても、そこに民主主義はない。

そして、ポパーが徹底的に批判した東ヨーロッパの共産主義政権とまったく同じように、こうした組織もまた、民主主義の赤字に陥っている。

原因は、一言でいえば、こうした組織は、それが対処しようとしているはずの問題について、対応力も説明責任も欠いているからだ。被統治者（市民）が、統治者（政府や国際機関）に接触する手段はほとんどない。ましてや影響力や支配力をもつ方法などない。外交政策がうまくいかなくても、フィードバックするメカニズムは働かないのだ。

ポパーにとって、フィードバックは民主主義のもっとも重要な部分だった。社会は複雑で、完全な知識などなく、政府にはまちがいがつきものだ。社会の問題を解決するために常に正しい政策を行うような政府はありえない。まちがいを正す道は一つしかない。被統治者（市民）が、選挙をはじめ開かれた社会のさまざまな要素（報道の自由、法体系、民間組織）を通して、政策がうまくいっていないことを統治者（政府）に知らせ、改善の方法を提案することだ。

しかし、外交政策の分野では、こうしたフィードバックのメカニズムは、きわめて限られている。A国の市民がB国の政策の影響を受けたとしても、何がうまくいっていない（あるいはうまくいっている）のか、B国の政策担当者に知らせる方法はない。

多国間機関では、この問題は重層的になる。政策を立てるとき、立案国はどうしても、交渉相手国の立場のほうに多くの注意を払い、実際にその政策の影響を被る人々にはそれほど注意を払わないのだ（国連で、共同のイラク政策を決定するためフランスやロシアと交渉しながら、僕はこのことを知った)。本書で僕は、こうした現代外交の問題について考える。

外交の最前線

この本は、僕自身がゆっくりと幻想から覚めていき、一つの信念に立ち返るまでのプロセスをたどった個人史でもある。あるいは、僕は別の幻想に至っただけかもしれないが、それは時がたてばわかるだろう。

僕は、二度目の挑戦で一九八九年に外交官になった。イギリス外務省、またの名「外交団」の、出世コース〝ファスト・ストリーム〟として知られていた一団に加わった。

それは、長い間抱いていた夢の実現だった。その夢には、世界へのあこがれや、郊外の平凡な日常を抜け出したい気持ちもあったし、また、社会的地位や評判を望む純粋な野心もあった。外交官という仕事は、これらのエレガントな組み合わせを提供してくれた。

当然ながら僕は、自分の仕事と「役所」を愛した。

僕は、外務省の儀式と慣行、たとえば緑色の分厚いレポート用紙や、政治家や閣僚を訪問するときのややこしい儀礼が気に入った。そういう儀礼や慣行にどっぷり浸るまでに時間はかからなかった。気がつかなかったのは、こうした機関にしみわたっている物の考え方にも、自分がどっぷり浸るようになったことだった。

僕は自信にあふれ、背筋までピンと伸びて、「われわれ」がどのように世界を見ているかを語りはじめた。いまや僕は、「われわれ」イギリス人を体現することを求められているのだった。自我と個人的な良心は、国家と国益を考える集団と、その思考法に、ゆっくりと吸収されていった。それは僕個人の道徳観や良心とはかけ離れたものだったが、以来それが僕の精神構造を形成するようになった。

僕の赴任先と仕事は、通常の配属パターンをなぞった。ノルウェー、ドイツ、ニューヨークの英国国連代表部。ロンドンでは、ベネルクス三国[◇01]から一九九〇年のイラク・クウェート戦争（「湾岸」戦争）、地球環境問題、パレスチナ問題など、さまざまなことを担当した。しばらくの間、不本意ながら、外務大臣のスピーチライターだったこともある。

順調にキャリアを積んでいったわけだが、やがてそこに一つの影がさすようになる。僕はそれに目をつぶろうとし、かえってますます精力的に、自国の国益と自分自身のキャリアを追求した。

葛藤が頂点に達したのは、イギリス外交官としては最後に配属された場所――ニューヨークの国連代表部で一等書記官を務めていたときのことだ（一九九七年～二〇〇二年）。

ニューヨークでの仕事は厳しく、長時間勤務が仕事の深い矛盾を隠すのに役立った。むしろ、矛盾を否定させてくれた。

多くの西側（特にイギリスとアメリカではないかと思う）の外交官のもつ、自己中心的な信念を吹き込まれていた僕は、ニューヨークで責任者を務めていた中東に対する「われわれ」の政策は正しく、善だとほんとうに信じていた。この思い込みには、僕がごくたまにしか中東地域を訪れたことがなく（地域の言語を一つも話せず）、主担当だった地域、イラクには一度も行ったことがなかった（いまだにない）という事実も関係があった。

僕は、国連、主に安保理でのイギリスの対イラク政策、つまり武器査察と制裁の両方について直接の責任者だった（もっとも、「責任者」という言葉には問題がある。僕は直接的・個人的な意味で責任者だったが、政策について政府と公務員がもっている思考法では、責任者は閣僚であって、僕自身ではないからだ）。対イラク政策は、ほとんどの政策と同じように複雑なもので、善か悪かは区別しがたかった。この時期の自分の経験について、ある程度はっきりした考えをもてるようになったのは、何年も後になってからだ。ただ、それも単に経験を都合よく選んで解釈しただけかもしれず、自己欺瞞でないとは言いきれない。

僕の仕事は、イラクをめぐる決議――国際法――の準備と交渉だった。全加盟国にイラクとの貿易の停止（経済制裁）を求め、イラクに対しては大量破壊兵器[◇02]の廃棄を証明することを課す、何枚かの紙をつくる。

しかし、このなかで徐々に、恐ろしいほどはっきり見えてきたことがあった。「われわれ」がイラクでしていること、つまり制裁は、一般市民に害を与えるという、まちがった目的を達成してしまう。フセインの不正は市民に害を与えたが、僕たちの政策がその影響を拡大させてしまうのだ。

一方で、この仕事のなかで僕は非通常兵器とその発射システムの複雑な知識と技術に通じるようになり、政府が「フセインは武装解除をしていない」と論じるうえで、ますます好都合な人材になった。僕はスカッドミサイルのさまざまな種類と性能を挙げることができたし、神経ガスＶＸの劣化過程も説明できた。フセインの特殊武装部隊のユニットと人数も知っていた。

僕は、制裁をはじめとする英米の対イラク政策のもっとも有能かつ積極的な支持者として、安保理でロットワイラー犬［警察犬や番犬としてよく使われる］並みの評判を誇った（いまでは恥じ入っている）。念入りに選んだ事実をくり出して相手を圧倒し、どんな反論でも論破できた。

だがやがて、この知識が外交官としての僕の最大の敵だということがわかるようになる。

イラクをめぐる嘘

国連での仕事で消耗し、頭をかかえた僕は、二〇〇二年半ば、ニューヨークのニュースクール大学で研究休暇を取った。

大学にはかぎりなく感謝している。絶好の場所だった。そこにいる間、多くの同僚とも密接なコンタクトを保っていた（同僚には安保理の外交官やデイヴィッド・ケリーをはじめとする専門家もいた。イラクの武器に関して、ともにブリーフィングを準備した人々だった）。

そして僕は、英米両政府とそこの同僚たちが主戦論を唱えるのを目の当たりにした（両国の外交官は、イラク問題に関してきわめて緊密な連携をとっていた)。
知識があったことが僕を苦しめた。なぜなら、英米両政府が展開した主戦論の根拠は機密情報の内容を臆面もなく誇張したものにすぎないことが、すぐにわかってしまったからだ(イギリス政府発表イラク文書として知られるようになる悪名高い書類の初期の原稿にコメントを求められたとき、僕は官界で使われるソフトな言い方でそのことを伝えた)。

[イギリス政府は二〇〇二年九月と二〇〇三年二月に、機密情報にもとづくとした文書を発表、イラクの大量破壊兵器の脅威を強調した。一番目は「イラクの大量破壊兵器――英政府の評価」(Iraq's Weapons of Mass Destruction: The Assessment of the British Government)で、イラクが四五分以内に大量破壊兵器を展開できるとした。二番目は「イラク――隠蔽、虚偽、脅迫の構造」(Iraq - its infrastructure of concealment, deception and intimidation)。二月の文書は二〇〇三年二月の国連でのパウエル演説にも引用され、二文書はイラク侵攻の正当化の根拠として使われた。二〇〇三年五月BBCは、九月文書(特に大量破壊兵器四五分展開説)について、英政府上級官僚の話として、根拠の疑わしい情報を含む、誇張されたものだったと報道。英国防省の兵器専門家だったデイヴィッド・ケリーがBBC報道の情報源と名指しされた。BBC側は否定したが、ケリーは七月に下院の喚問を受け、数日後自殺とみられる遺体が発見された。二〇〇三年七月に英下院外交委員会が発表した報告「イラク戦争開戦の決断」(The Decision to go to War in Iraq)は、二文書について批判的姿勢を示した。二月文書には剽窃も指摘されている。パウエルも引退後の二〇〇五年、テレビのインタビューで演説の誤りを認めた]

そのうえイギリスは、武器査察団をイラクに再入国させることを定める決議一四四一を「和平への最後のチャンス」だと言って安保理に売り込んだのだが、そのときのふるまいは、安保理を誘導した、悪く言えば「だました」と言うべきものだった。

さらに、イラクに武装解除を課す期限は以前僕たちが決めたものだったが（武器査察機関ＵＮＭＯＶＩＣ[◇03]（国連監視検証査察委員会）の設立に関わった僕は、この期限の設定・交渉に手を貸していた）、政府はその期限を待たずに、「イラクは非協力的だ」と早々と宣言した（今度は査察官の報告の誇張だった）。

次の決議（通らなかった「第二の決議」）に安保理のお墨付きをもらうことに失敗すると、僕の同僚たちは、最初の決議（「和平への最後のチャンス」の決議）によってすでに戦争突入に必要な権限は与えられている、と強弁した。

葛藤

キャリアを通じて、教えられ、信じてきたことがあった。

イギリスは「ルールにもとづく世界」を支持する。

また、もう少し言葉では表しにくいが、「高潔であること」という価値観も支持する。

多くの人に信じてもらえないだろうが、この信念は、しばしば矛盾が露呈したときでさえ、外交官として僕が頼りにしてきた基盤だった。しかし、このイラクの一件は、あまりにもひどかった。

それでも、外交官というアイデンティティへの執着はとても強く、自国政府と同僚のふるまいに悩んでいたにもかかわらず、僕は、踏ん切りがつかなかった。辞表を何度も書いたが、提出しなかった。

その年の夏、僕が言っていたのと同じことをジャーナリストに語ったケリーは、自ら命を絶った。科学者としての彼の経験は、一介の外交官にすぎない僕より、ずっと権威をもっていたにもかかわらず。ケリーの自殺で、僕は嫌悪と怒りを感じるようになった。

葛藤はますます強まった。でも、決意は固まらなかった。辞職という選択肢と、キャリアから得られる利益の間で僕は揺れていた。選択を先送りするため、国連ミッションに派遣されてコソボに赴任した。

二〇〇四年夏、イラクの大量破壊兵器に関する機密情報を政府がどう使ったかを調査する公式調査が、バトラー卿を委員長として行われた［バトラー独立調査委員会は二〇〇四年二月に発足、七月に大量破壊兵器四五分展開説を誤りとする報告を出した］。

僕も証言した。キャリアを害さないよう、非公開で証言したことに（僕は匿名の証言者としてリストに載った）、僕の迷いが現れている。ただ、証言するという行為は一種の啓示になった。自分の見解（戦争の根拠は誇張されたものだった、戦争以外に可能な選択肢があった）を書きとめたことで、ようやく決心が固まったのだ。

バトラー委員会に証言した後まもなく、僕はイギリス外交官としての職を辞す旨を外相に提出した（返事はなかった）。

イラク問題が僕の辞職の唯一の理由だと言いたい気持ちはやまやまだが、そう言っては嘘になる。自国政府の不正直に抗議して仕事を辞める、勇気ある官僚の話はあるし、なかなか魅力的だ。でも僕の場合、それは真実の一部でしかない。別の力も働いていた。

研究休暇の間、僕は哲学を研究した。「どうすれば、ある事柄を〝真実《トゥルー》〟と言えるようになるのか」がテーマだ。外交の論法全体について感じていた疑問に答えるのに役立てるためだった。外交の実務も用語も、僕には「現実《リアル》」とは思えなくなっていた。イラク、アフガニスタン、テロリズム。扱っていた問題は、世界でもっとも重要で、関心の高い問題だったけれど、たいてい僕は、疲れて、幻滅し、うんざりしていた。

外交には、強烈な魅力が感じられることがある。テレビ関係者が廊下で追いかけてきて、イラクをめぐる五常任理事国協議の最新情報を聞き出そうとする。僕が仕事について話すと、カクテルパーティで会う人々は満足げにうなずいたものだった。でも、骨の折れる単調な仕事もかなり多い。国連安保理での交渉はもちろん、外務省や各地の大使館での外交官としての日常業務も、文字どおりの意味でも比喩的な意味でも、取り組んでいるはずの問題から切り離されているようだった。人生が干からびて、次第に意味を失っていくような気がしていた。

僕の研究は、まず、現実を説明する用語の有用性、つまり言語の有用性から始まった。そして、あらゆるシンボルと理論の有用性も研究した。すぐに、それらの限界を理解することができた。

わかったことが一つある。外交の世界で使われている言葉は、一般言語の下位集合《サブセット》にすぎないということだ。そして一般言語自体も、現実の下位集合であり、現実を単純化したものだ。下位集合のそのまた下位集合は、ほんとうに窮屈に感じられる。この狭さが、外交の抱える問題の一部ではないだろうか、と僕は考えるようになった。特に、外交の世界において「現実性」が論点となるときには。

また、ニューヨークでの仕事のおかげで、外交官という職業について、個人的にも政治的にも、いろいろな問題が明らかになった。

僕は上司や閣僚に質問をぶつけたり議論を交わしたりするのが好きだったが、キャリアを上り詰めるには、こうしたふるまいを自制する必要があった。外務省の上層の官僚たちが、閣僚（そしてもちろん首相）の指示に疑問を呈したことは一度もないことに僕は気づいた。仮に疑問を呈したとしても、あまりに控えめな、ほのめかす程度の言い方なので、だれも気づかないことさえあるほどだった。

「政策の方向性についての疑問を電信で（省内に）提起したりないように」とアドバイスしてくれた大使もいた（電信は外務省の主要な連絡手段だ）。その代わり、「個人的な手紙に質問を書いたらどうか」という。手紙なら閣僚の目には触れないし、第一、電信と違って大使が署名する必要もない。彼は僕の言いたいことに全面的に賛成してくれた大使だったが、その彼がそんなアドバイスをするのだった。

外交官として着るスマートなスーツとネクタイが、窮屈で居心地悪く感じられるようになった。それまで別々のまま保ってきた二つの自分、本来の自分と外交官という職業人としての自分を一致させる必要を感じた。そしてそれは、何か非常に重要なものを失うことを伴うはずだ。

イギリス外務省だけでなく、僕が外交官として関わりをもった人間たちはみんな、一つの特有の話し方、考え方に深い思い入れをもっていた。外交官としての最初の数年は、僕もこうしたやり方で世界について語るのが好きだった。ドイツの国益は何か、ロシアはどう動くのか、いかにしてフランスを出し抜くか（イギリスにとって永遠の関心事だ）、同盟諸国とその国益は何か。

僕は「外交」を、子どものころにやったようなゲームとして好きだったのだ。色とりどりのピース、自国と相手国、はっきり示された国益と選択肢……こうしたものを巧みに扱い、あちこち動かしたりすることで、不和も生まれれば、調和も生まれる。「フランスはこれを求める」とフランスの外交官が言えば、僕は彼らの言葉を真に受けた。「われわれ」（イギリス）が何かを求めると僕が言ったとき、そのまま信じてもらいたかったからだ。

しかし時がたつにつれて、こうしたことは、ばかげたつくりごとだと強く感じるようになった。

僕たち外交官が「イギリスはこう望んでいる」とか「アメリカが求めているのは」などと言えるようになるプロセスをふり返ってみると、それが恣意的につくられたプロセスだというのがよくわかる。外交官のこうした発言に現実的根拠はほとんどなく、もちろん、その名のもとに議論や発言が行われている当の国民と話し合うこともほとんどない。つまり、まったくの虚構なのだ。

さらに、もっと深い倫理的な懸念もあった。外交の成果は、ある特定の世界観に基盤をおいている。競争、国民国家、限られた資源、同意か争いかという点から世界を見る見方だ。すべての政治哲学と同様、これは特定の人間観を前提としている。人間はより多くを求め、究極的には利己的で権力欲にかられた存在である、とする「ホッブズ的」な考え方だ。ホッブズ〔一五八八〜一六七九。イギリスの哲学者。主著『リヴァイアサン』〕はこうした人間観を明言したうえで、国家だけが、安定と秩序、調和の源となるのだと主張した（一方で彼は、国家には、殺人や投獄など、個人には禁じられていることを行うのが許されると述べている）。

イラクを担当し、その後コソボを担当しているうちに、僕はこのホッブズ的な見方に疑いをもちはじめた。

他にもっと苦しんでいる人たちがいるのに、なぜ自分は、一つのグループの人々（イギリス人）のための仕事に人生を費やさなくてはいけないのか。

僕たちは民主主義や人権といった善をもたらす役割を自任していたが、それは結局、ある一点について言えることでしかなかった（対イラク制裁のように、善をもたらしているのかどうか自体はっきりしないときもあった）。自分たちや自国を他の人たちと分けて考え、「われわれ」のニーズを「彼ら」のより優先するのは、差別的なこと、まちがったことだと感じるようになった。

さらに、外交の現場でどう見ても明らかなことに僕は気がついた。外交という閉ざされた世界では、非常に多くの人たちが無視され、置き去りにされていて、多くの場合――というよりむしろ、ほとんどいつでも――そうした人々こそ、もっとも苦境におかれている人たちなのだ。

イギリス代表としてコソボやパレスチナとの交渉の席につきながら、僕は自分の席にいるより、テーブルの反対側に座りたいと願うようになった。甘いと言われるかもしれない。でも僕にとってそれは、外務省で約束されたコースを上って行くよりも（「先が見える」こと自体にもやる気がそがれたが）、ずっと大きな意義があることのように思えた。

研究休暇の間に読んだ一冊の本に、僕の心に響いた一節があった。レイ・モンクによるウィトゲンシュタイン〔一八八九〜一九五一。哲学者〕の優れた伝記のなかに、第二次大戦初期のできごとが書かれていた。少し前にイギリスがヒトラー暗殺を工作したというニュースを、ウィトゲンシュタインとイギリス人の同僚が聞いたときのことだった。同僚は「文明国であり礼節を知るイギリスが、そんな裏工作をするはずがない。そんな行為はイギリスという国の性格と相容れない」と言った。ウィトゲンシュタインは激しく反発した。それから五年たっても、そのときの発言の「未熟さ《プリミティブネス》」を非難したくらいだ。

これを読んで僕は思った。僕のような外交官が選びとり、ずっと保ちつづけてきたイギリスの自己イメージは、こうした思い込みに支えられたものにすぎない。だとすれば、「彼ら」対「われわれ」というとらえ方をして、一つのグループのために尽くすのは、ほとんど意味がないことになる。

外交の欠陥

外交のあり方には、まちがっているところがある。本書では、八つの問題を考える。問題は互いに関係し、重なり合っている。それらは全体として深刻な欠陥をもたらしており、世界の問題を扱ううえでふさわしくない論法ができあがっている。

1　外交は、民主的なものではない――民主主義国家においても。

歴史的な慣習の積み重ねで、どういうわけか、外交官は特別なエリートで、外部からの検証や影響をほとんど受けず、説明責任も求められずに、自由に政策決定していいのだということが受け入れられている。僕たち統治される側、外交官の決定に左右される側は、彼らが僕たちの名において何をやっているのか、彼らがだれなのかさえ、ほとんど知らない。アメリカ国務省もそう、中国外務省はさらにそうだ。この二つを並べたのにはわけがある。民主国家とされている国でさえ、代弁者のはずの外交官が僕たちの名において何をしているのか知るのはむずかしいのだ。外交官に接触したり、その決定に影響を与えたりするのは不可能に近い。外交官がまちがいを犯したとしても――まちがいはつきものだ――責任を問うことは、ごくまれにしかできない。

2　外交官と国家を同一視することはまったくの虚構で、何の根拠も正当性もない。外交官になると、自分を国家という集団に従属させるよう働きかけられる。個人的な「私」が「われわれ」になる。外交エリートは、自分自身を国家（政府というだけでなく）そのものとみなすように教えられ、その気になる。「われわれ（イギリス）はイランが核施設への立ち入りをただちに受け入れるべきだと考える」というようなしゃべり方をするようになる。

でも、この同一視を正当化する論法——外交官は政府を代表し、政府は国を代表する——は、根拠薄弱だ。それは実際には、勝手に下した無責任な決定を覆い隠すために使われている。外交官が「われわれ」と言うとき、ほとんどの場合、それは国民の願いとは関係がないのだ。

また、「われわれ」という言葉には別の問題もある。一人ひとりの外交官の個人的な倫理観を、国家の論理に同化させるように働きかける点だ。これで、人の道に外れるふるまいも許されることになってしまう。国家の論理に立てば、殺人のような、個人には許されない行為も正当化されうるからだ。

3　同一視の問題には、もう一つの問題が密接に関わっている。エリートと市民の無責任協定だ。エリートが、自分たちの利益を国益とみなし、国家にとって何が最善か決定する権利をもつと考えるのは虚構であるにもかかわらず、多くの場合、市民もこれを受け入れているようだ。市民の受け身の姿勢はエリートの思考法と表裏一体で、おそらく歴史の遺物だろう。

多くの人が、自国の外交政策の議論から排除されているのに、それを当然と思っているようだ。実は、これは市民にとっても悪い話ではない。暗黙のうちに取引が成立している。外交官は世界を担当する。ただし結果は問われない。僕たちは生活を楽しむ。——これは無責任同士のもたれ合い、もっといえば、「説明責任の欠如」と「人任せ」の取引協定だ。

世界にいまほど緊密な結びつきがなく、国家が一般市民の問題からかけ離れたことにしか関わらなかったときなら（そして民主主義が存在しなかったときなら）、それでもよかったかもしれない。しかし僕たちの生活が世界の他の人たちの生活と切り離せない今日では、それはまったく道理にかなわない。それどころか、この無責任協定によって、国際関係を競争とみなす有害な見方がますます補強されて、最終的にはだれもが損をする。

4

外交界には、国際関係を競争としてとらえる、古くさい思考法がはびこっている。外交エリートやほとんどの評論家、ジャーナリストが外交を考えるときの思考法も、初期の歴史から受け継いだものだ。国家は別々の主体であって、あるときは二国間、あるときは集まって多国間で、他の国家と調停や交渉をすることが必要だと思われている。

最近、特にヨーロッパでは、各国の「国益」と言うのははやらないが（その代わり、それぞれ追い求める「価値観」がある、と言う）、そのヨーロッパでさえ、国家も、国家を代表する外交官のふるまいも、もっと古くさい考え方を反映している。ドイツはXを求め、フランスはYを求め、両国間の交渉や他の関係国との交渉の結果、合意Zが生まれる、というものだ。政治家、外交官、その動向を報道するジャーナリストはみんな、このモデルを採用してこう書く。「アメリカ、国連安保理で満足いく合意を確保」「イギリス、ブリュッセルのサミットで屈辱」。まるで優勝を争うサッカーチームだ。

この思考法には、国家のふるまいの基本は競争だという発想がある。「国家はそれぞれ国益を追求している」「調和は国益のバランスから生まれ、交渉と外交によって保たれる」「国益が対立すれば、武力抗争にもなる」「国益の確保こそ国際関係を動かす要因だ」――この見方はもちろん、個人の利益の追求が公益の最大化につながるとする、現代の経済学のイデオロギーにも通じる。しかし、その経済思想とまったく同じように、国際関係をめぐるこうした思考法は、人類全体の利益に（あるいは個人の利益にさえも）何の関係もない、欠点だらけの結果を生む。

現代の問題に適した外交の枠組みが存在しない。

国家間の関係を競争としてとらえるモデルは、人類共通の関心が今日ほど明らかでない時代なら有効だったかもしれない。しかし、地球温暖化、資源の逼迫（石油も水も）、病気（ＡＩＤＳ、鳥インフルエンザ）、移民問題、国家によらない暴力などが、個人にとっても集団としても緊急の課題となっている今日では、このモデルは不適切で危険だ。問題が共通のものなら、解決にも共同歩調がいる。

ところが残念ながら、こうした問題を扱う目的で設立された超国家的な機関は、効果的な解決策を打ち出せていない。ほんとうの意味で「超国家的」ではないからだ。相変わらず従来の国際関係と同じ計算法、つまり各国の国益の駆け引きを通じて、受け入れ可能な妥協点をつくって合意に至る、という思考法をとっている。しかも、機関が自らの有効性をアピールしたがるためもあって、こうした機関の存在自体が、僕たちを安易に安心させがちだ。ここにも無責任同士の協定がある。

6

こうした組織的、構造的な問題の下に、もっと根本的な問題がある。「事実」とは何か、をめぐる問題だ。

外交に携わる人間は、国際関係と外交についてどのような思考法をもつのだろう。別の言葉でいえば、こうした人間にとって、受け入れ可能な情報はどのようなものだろうか。彼らは情報を取捨選択する。彼らが尊重する「客観的な」情報とみなされるのは、感情を交えずに提示された事実関係の情報だ。でも実際は、こうした形の情報も含めてすべての情報は、提示されたときにすでに、何が重要で何が重要でないかの選択が行われている。感情や個人的偏見や直感が持ち込まれているのだ。

もちろん、どの情報の有効性も同じだ、とか、すべての真実は相対的だ、とか言おうとしているわけではない。しかし、ある種類の情報を厳しく排除すべきものとみなすのは、外交の論法のもつおかしな欠陥だ。

国際関係の議論にある、一つのはっきりした欠陥は、現実と報告の隔たりにある。外交政策はいつでも、それが扱おうとしている現実から何段階も離れたところで決定される。この決定は報告にもとづいて下される。しかし報告にはどうしても欠陥がつきもので、実際に起きたことの本質を見逃している恐れがある。

非合理的なものや言語で表わせないもの、その他にも、僕たちを人間的にしているもの、生の現実を構成しているもの、こうした非常に重要な要素をなんとかして伝える方法を見つけなくてはいけない。外交は、情報に対してもっと柔軟なアプローチをとり、計測することのできない要素や感情について検討し議論することを認めるべきだ。少なくとも現在の論理の組み立て方には欠陥があることを認識しなければならない。

7 これに関係しているのが、「世界は理解可能だ」という、一種の思い上がりだ。

いまや世界は圧倒的に複雑だ（おそらく、いつだって複雑だったのだろう）。国家も、個人も、何にせよ、そのふるまいについての単一の理論にもとづいていては、世界を理解することはできない。しかし、政府、国家、外交は、世界を単純化して眺めようとする。世界の複雑さを説明し、決定を下せるように、秩序のなかに収める。

政府や政治家、彼らに仕える外交官にとって、秩序づけられた、わかりやすい「世界」の見取り図は役に立つ。しかし、これほど大きな勘違いはない。単純化は魅力的だが、どうしてもまちがいを避けられず、危うい。

この思想犯罪については、学者も政治家と同じくらい、罪が重い。学者が軽薄な一般化をすれば、政治家や外交官が物を考えるときにも、人々がパーティーで議論するときにもそれが使われる。「文明の衝突」や「歴史の終わり」といった理論の荒唐無稽さは（後者のほうがより細かい分析ができるものの）、その枠組みを使ってどこかの地域の実際の状況を検討してみればはっきりする。

8

そして、現代外交は根深いところで不均衡、不公平だ。

外交慣行も組織も、金持ちの有力国に支配されている。こうした国々の政治力や経済力は、実は、それほど意識されていない外交の力によって補強されている。盤石の態勢の金持ち大国には、しっかりと訓練を受け、経験豊かで、資料も十分にもつ外交官がいて、交渉を支配できる。より多くの情報を手に、交渉を有利に運ぶこともできる（たとえば、ニューヨークのイギリス国連代表部では、決議でも声明でも、多くの場合、交渉文書の最初の草稿を準備するのはイギリスの弁護士だ。交渉をする人間ならだれでも知っているとおり、これは非常に大きなアドバンテージになる）。テーブルの向こう側には、資金も経験もそれほどない国（や国家以外の政治集団）がいて、自分たちの見解に耳を傾けてもらうのに苦労している。ましてや、それを取り入れてもらうのは大変だ。
明らかに多くの新興国や途上国にとって不利だが、その一方でこうした状況は、有力国の思い込みに反して、実は有力国のためにもなっていない。すべての関係者、特に影響を被る側の利害に配慮していない合意は有効性が乏しく、望ましい成果を得ることも、長つづきすることもむずかしいからだ。

影響を受ける関係者全員の声が聞かれ、少しでもその関心に配慮できる方法を見つける必要がある。僕が二〇〇四年に設立したＮＰＯ「インディペンデント・ディプロマット」は、この「外交の赤字」に取り組むアドバイザー集団だ。

こうした問題はすべて、外交における秘密主義的な話法や用語法のなかで、絡み合っている。これに携わる人間も分析する人間も、この話法が複雑で、だれにでもわかるものではないというふりをするのが好きだ[◇04]。そうすれば、自分たちの特権と権力を温存しておける。でも、現代の国際問題は、僕たちすべてに関わってくる、僕たち一人ひとりの問題だ。

自分たちの殻に閉じこもり、国際関係をめぐる、すでに有効性を失った時代遅れの哲学（後でまた触れる）にしがみつくことによって、外交官や政治家は、外交と国際関係の本質を完全に見失っている。学問の世界では、現実主義、自由主義、新自由主義、新保守主義をめぐって、複雑な理論が示されているが、実は国際関係はふつうの人々にふつうに影響を与えるものだという事実を見逃している。国際関係も単なる政治にすぎない。国益を定義しようと延々と格闘しているうちに、外交官は、自分の国もこの世界も、ただ、そこにいる人間とその人たちの住む環境なのだということを忘れてしまっている。

外交と国際関係の世界に対して、僕たちはいまよりもはるかに批判的に関わっていくアプローチを必要としている。かかっているのは、僕たちの将来にほかならない。少しは注意を払ってもいいときだ。そして、外交の論法をすっかり解体することを考えていいときでもある。外交術や国際関係が、独自のルールと哲学をもち、他の政治や政府から切り離すことのできる何か別の慣習だという考えは、何もかもが互いに結びつく時代に、正当化できるものではない。

ここに逆説がある。ますます結びつきを強める世界で、同じ人間同士、問題について話し合う必要性は、いつにもまして大きくなっている。外交はますます必要だ。しかし本書は、外交が――少なくとも現在の形では――その役目を果たす最善の方法と言えるかどうかを問いなおす。外交につきものの限定、単純化、抽象化、虚構、恣意性を解体することは、外交という概念自体の解体を必要とするのかもしれない。

第2章 大使館

外交官としての最初の配属先はドイツ、当時の首都ボンだった。

ボンのイギリス大使館は、都心と郊外のバート・ゴーデスベルクを結ぶ幹線道路に面した、殺風景なコンクリートのビルだった。

何もかもが灰色だった。じゅうたん、壁、働いている人間たちの顔。オフィスから見下ろしたところは駐車場で、雨でぬれていることが多かった。首をのばせば、大使館の横の道路を、都心へ、あるいは郊外へと向かう車が走りぬけていくのが見えた。

僕の肩書きは政務担当二等書記官。かけだしの外交官、大使館の働きバチだ。大使館には大勢の外交官がいて、多くの部署に分かれていた。僕の仕事はドイツの外交政策について報告すること。

そのために車か路面電車でドイツ外務省へ、ときには連邦首相府へ向かう。そこに着くと長い廊下を歩いて、お目当ての部局の職員を探し、ドイツの対X国政策についてたずねる。少しメモをとったあと、大使館へ戻って、いま聞いた話を要約した電信か手紙を書く。それだけだった。

リアルポリティーク

この仕事が基本的に単純なものであることを悟った僕は、なんとかしてもっとおもしろくしようとした。ドイツ連邦議会の議員で話ができる相手を探したり、ジャーナリストと近づきになったりした。ドイツの若手外交官に混じって研修に参加したことさえある。ドイツの外交政策の理解に役立つという建前だったが、実際は、仕事のどうしようもない退屈さから抜け出したかっただけだ。

外交関係者の間では単に「ロンドン」と呼ばれていたイギリス外務省は、かけだしの外交官と喜んで話してくれるようなランクの低い議員や、ましてジャーナリストの考えなどにまったく興味はなかった。外務省はドイツを理解したがっていたわけではなく、ドイツが何をしているかを知りたがっていただけだった。実際、大使館の仕事のうち比重が大きいのは、駐在先の国が何をしているかを本国が把握できるようにすること。それが大使館の存在意義の一つだ。

僕の受け持ちは、ヨーロッパ以外の世界だった。同僚のJの担当だった「ヨーロッパ」は、旧ソ連を含み、トルコは含まれなかった（トルコは僕の領分だった）。ヨーロッパ以外の世界に対するドイツの外交政策は、当時も今も、ほとんど決まりきったものだ。アジア、アフリカ、南北アメリカにおける国益の確保。ほとんど判で押したように、これは貿易を意味した。対トルコでも対中国でも例外なく、これがドイツの国益だった。他に貿易に近い重要性をもつテーマは一つだけ。移民問題とドイツへの移民流入をどのようにして防ぐかだ。

「ロンドン」は、ドイツの対中国政策には多少関心をもっていた（外務省の部署は少なくとも一度は僕の手紙に答えてくれた）。中国との貿易、特に土木関係の大口の契約は、中国政府の思し召しにかかっている部分が多かった。そのため、たとえばコール首相の中国公式訪問には、中国政府への追従と、大口の契約への署名（新しい鉄道工事など）、そして人権問題をめぐるリップサービスが少々盛り込まれていた。

この最後の点が中国問題でもっとも重要だと思い、高すぎるほどの関心を寄せていた僕は、報告でいつも、人権問題に力を入れた（たいていは、ドイツが対中国関係でこの問題にどれほどわずかな関心しか示していないかを強調した）。もちろんロンドンのほうは、中国との契約と、それを獲得するのにどれほど少ないリップサービスで済ませられるかに関心があった。僕はこう言われた。

「イギリス外務省がドイツに対抗するのに役立ってこそ、報告は価値があるのだ」

ボンでもロンドンでも、僕が話をした相手のなかに、これが中国との付き合い方、対中国関係の焦点だと喝采を送っていた人間がいたとは思わない。ドイツの役人はあきらめ顔で、「こういうものなんだ」と言っていた。イギリス外務省の中国担当部局の職員と僕は、皮肉をこめてやりとりし、

「リアルポリティーク（現実政治）」をユーモアでごまかした。彼がほんとうに愛していたのは芸術だった。二人とも、イギリスの政策方針に疑問を呈することは考えなかった。人権よりも貿易が優先するということを、ただ受け入れた。――それが外交というものだ。

でも、ドイツ政府の関心をもっとも引いていたことは、あるとき職員が打ち明けてくれた話によれば、中国が崩壊して（少し婉曲に「遠心分離」と呼んでいた）、ヨーロッパ、特にドイツに移民の波が押し寄せる危険性だった。はじめてこの話を聞いたとき、僕は驚いた。そんなことは考えたこともなかったし、それほど危険性が高いようにも思えなかったからだ。けれども、その年一九九二年に、東ヨーロッパ、特に崩壊しつつあったバルカン諸国から一〇〇万人近い亡命者（ドイツ語では蔑称になっている）を受け入れたドイツでは、その話も一理あった。

僕のドイツ入門は、ミュンスター近郊の家庭での「イマージョン」と呼ばれる一カ月以上のホームステイ。その名にふさわしい集中訓練だった［immersion は「没頭」「浸透」の意］。息の詰まるような五週間、ドイツ語の力を鍛えるためにドイツ人の家庭で過ごした。ドイツ語はもちろん上達し、ドイツ人についての理解も深まった――少なくとも何人かのドイツ人については。

僕たちは毎晩、テレビのニュースで、戦争から逃れてきた、打ちひしがれたボスニア難民の姿を見た。あるときは、難民でいっぱいの列車がドイツ国境で立ち往生した。乗っていた人たちは何日も列車から降りることもできず、絶望と苦悩のなかにいることがどう見ても明らかだった。映像には、多くの人々の命を奪ってきた戦争というものが、醜く映し出されていた。ところが、僕がお世話になっていた一家の人たちはこう言った。

「また亡命者のやつらがこっちの金を目当てに来てる」

毎日の生活のすべてがドイツ語学習の機会だと僕は言われていた。ある意味ではたしかにそうだった。ドイツがどれほど不公平な扱いを受けてきたかについての父親の講釈（戦争中はどちらにも戦争犯罪はあった、など）。医者である母親は毎晩、診療所の仕事から帰ってくると、自分が軽率にも雇ってしまったボスニア人の少女が、いかに信頼できない、ひどいふるまいをするかについて、いくらでも文句を聞かせてくれた。抜け出すために僕は庭でたばこを吸い（ひどく顰蹙《ひんしゅく》をかった）、ジャグリングを練習した。

でも、ある意味では、この家族のほうが、ボンにいた僕たちよりも、バルカンの現実と関わりをもっていた。少なくとも彼らは、本物のボスニア人に接していた。

規定路線

僕が大使館の他の外交官と同じように急いで学ばなければならなかったことは、ユーゴスラビアの崩壊をめぐって、多くのドイツ官僚やジャーナリストの批判から、イギリスの政策を擁護することだった。当時（一九九〇年代初め）も戦争の間も、一貫してイギリスの立場は――といっても実際には数人の閣僚と上級官僚の立場にすぎないものを、僕たちみんなで擁護するよう求められていたのだが――、「ユーゴの戦争は民族間の憎しみが駆り立てた内戦である」というものだった。

戦争を止めるための介入に消極的だった僕たちは、「殺し合いは避けることも防ぐこともできなかった」と論じた。「こうした状況でできることは、人道援助を提供し（イギリス軍はUNPROFOR〔国連保護軍〕の一翼を担い、プロとして勇敢に援助を提供した）、禁輸措置を通じて武器の流入を防ぐことだけだ」

僕はバルカン諸国のことを理解していなかったが、だからといって、僕も大使館の他のだれも、右に書いた分析をおうむ返しにくり返すことには何の支障もなかった。まさにそれが僕たちに求められたことだった。議論の分かれる問題はいつもそうだったが、旧ユーゴの戦争についても、まず「ロンドン」が決まった「路線」を打ち出し、よくできた簡潔な箇条書きで、「われわれ」がどう考えるかを設定する。僕はそれを読んで頭に入れ、「集団虐殺が行われているのに傍観している」とか「武器禁輸でボスニア人の自衛をさまたげている」とドイツ側に言われたら、それを重々しく語った。僕はその路線を信じていたし、必要なときには助かった。「路線」を信じなくなったのは、何年も後になって、実際にボスニアを訪れてからだ。

しばしば「路線」はうまくいかなかったが、そういうときは、ドイツやアメリカに対する批判を持ち出した。ドイツは言うまでもなく、自国の憲法で許されていないという理由で（当時は許されていなかった）、セルビア側を止めるための介入はできなかったからだ。アメリカの話は、他の人に任せよう◇01。自分の話の根拠が乏しいと、その根拠を検討するより、攻撃してくる相手をやっつけようとするのが人間の性《さが》だ。

ある問題について一つの立場、たとえば、ユーゴの戦争は内戦であるといった立場がいったんとられると、すべての分析がこのメタ分析に吸収されるようになる。この場合にかぎらず、集団思考は、個人に命令するだけでなく、自分からそう考えるように仕向ける力をもつ。イギリス官僚が信じ込んでいるように、国家からなる、こぎれいな秩序正しい世界を信じていれば、国家の崩壊は悪であり、「封じ込め」なければならないことになる。――イギリスの政策は筋が通っているように見えたし、事実も、もし取捨選択すれば、その見方に合うようにすることができた（バルカンに置かれた部署、特にベオグラード◇02からの電信は、もっぱらそれをやっていた）。

国家が「国際問題」の構成単位であるとすれば、その国境の内側で、一つの勢力が他の勢力と戦っていた場合、その戦闘を「内戦」とみなしがちになる。一方のグループが他方に対して意図的にしかけた戦争だったという、いまでは否定しようもない事実も無視できる。この戦争は、一方のグループが政府機構、特に軍を使って、もう一方の排除を、そして多くの場合、抹殺を図ったものだった。けれども、われわれが完全にまちがっていたかもしれないという考えは、一度も思い浮かばないようだった。

スレブレニツァ事件が起こった〔一九九五年七月、ボスニアのセルビア人勢力の軍により、約八千人のボスニア・ムスリムが殺害された。第二次大戦以来ヨーロッパで最悪の大量殺戮で、二〇〇四年旧ユーゴ国際戦犯法廷、二〇〇七年国際司法裁判所により虐殺と認定された」にもかかわらず、今日でも、「内戦、昔からの民族間の憎悪」という分析をくり返すイギリスの上級官僚はいる。イギリスが手をこまねいていたと非難をぶつけてみれば、彼らは条件反射のような確かさで、即座にアメリカを非難する（「爆撃が遅きに失したのだ」）か、ドイツを非難する（「早まってクロアチアを承認したのがいけないのだ」）か、大抵は両方ともするだろう。極端な場合、自ら被害を招いたとボスニアを非難しさえするかもしれない。「われわれ」がまちがっていたかもしれないなどとは、一瞬たりとも認めないだろう。

僕の担当地域には、もっと多くの血が流された別のできごとがあった。ある日（一度だけだ）、僕はロンドンから、ルワンダでの虐殺について「ドイツ」がどう考えているか調べるよう求められた。虐殺がなぜ避けられず防げなかったのか、ドイツ外務省の職員から、決まりきった説明を受けた。「もちろんご理解いただいているとおり」と彼はつづけた。「ドイツは憲法の定める立場上、何もできないのです」

後日、なぜ虐殺があれほど広範囲に及んだのかについて、彼の個人的な意見を聞く機会に恵まれた。「まあ、やはり、あれだけ小さな国ですと（ルワンダに行ったことがあるか、と彼は丁重にたずねた）、みんなのために十分なスペースがないわけです」。だから、檻の中のネズミのように殺し合わなければならないというのだ。

僕たちの大使館から飛行機でわずか数時間のところで、第二次大戦以来ヨーロッパで最悪の殺し合いが起きていたという事実にもかかわらず、旧ユーゴの戦争は、僕たちの意識にほとんど影響を与えていなかった（ルワンダはほとんど話題にもならなかった）。イギリス、ドイツ両政府とも、「ヨーロッパ」やEU、そして牛乳容器に関するEU指針をどうするか延々と議論することのほうに、ずっと深い関心をもっていた。大使館ではこうした「重要案件」を担当するためにチームが組まれていた。

強烈ではあるものの観念的でしかない集団虐殺と人権問題がときどき起こったが、ボンでの毎日の生活の現実は、言いようもなく単調だった。大使館で働いたことのあるジョン・ル・カレ〔一九三一～。イギリスのスパイ小説家で前身は外交官〕が、この街を評して「広さはシカゴ墓地の半分だが、その倍も陰気だ」といったのは、理由のないことではない。

僕はいくつかの地元のアマチュア劇団で演じた（もう時効だ）。ときどき、ケルンまでアウトバーンをすっ飛ばし、退屈をまぎらわそうとした（むだだった）。当時の日記には、ロンドンに残ったガールフレンドとの関係が最後の悪あがきをしながらついに終わるまで、綿々とつづられている。ボンにも友人はいて、味気ない日々の友にふさわしい、いい友人たちだった。けれども僕の毎日は、やはり灰色で孤独だった。

非常識な仕事

ものわかりのいい上司は、僕の公式任務の限界と、おそらく僕の憂鬱な気持ちにも気づき（彼自身はそうは言わなかったが）、「自分でおもしろいと思うことをやってみろ」と言ってくれた。外務省の管理職としては異例の姿勢だったが、当時も今も、彼はスケールの大きい人だ。

僕はドイツのマイノリティやアウトサイダーに関する調査をすることにした。通常業務の許す範囲で数カ月間、断続的に調査をして分厚い報告書を書き、得々としてロンドンへ送った。

そのテーマを思いついたのは、ミュンスターのホストファミリーのおかげかもしれないが、僕は、ドイツにいるドイツ人以外の何百万人もの人々に興味をもっていた。特に、何世代も住んでいながら、法的にはともかく、文化的にいまだにドイツ人とみなされない人々に。いまではドイツの滞在法制は変わったけれど、当時は、六〇〇万人もの「外国人」が、市民権をもたずにドイツに居住していたのだ。

報告書の内容をくり返そうとは思わない。準備して、書くこと自体がおもしろかった。報告書のもつ意味はこうだ。この調査のおかげで僕は、当時のドイツで、そしておそらくヨーロッパ全体（バルカンは除く）でも、もっとも抑圧されている人々のことを知った。

ロマあるいはシンティ民族（ドイツ語でチゴイネル、英語ではジプシーとして広く知られているが、英語の言葉にはドイツ語にあるような蔑称のニュアンスはない）は当時、日常的に差別されていた。おそらくいまでもそうだ。僕が訪れたコミュニティは、ゲットー［被差別者の強制居住区などを指す］と呼ぶしかないところだった。ハンブルク郊外の工場地帯に建てられた、崩れかけた住宅団地。周囲の工場からの化学物質汚染がひどいので、役所は「ふつうの」住宅の建築を許可しなかったが、ロマの人々はそこに住まわせられていた。団地は有刺鉄線に囲まれ、入口には警官がいた。団地内は過密で、不衛生きわまりなく、最悪の状態だった。地元のロマのリーダーの話では、団地からの救急要請には応じてもらえないという。団地住民は、地域のどの店からも締め出されていた。

この暗い話に触れたのは、僕にとってこのことが、ドイツ滞在中にもっとも強く心に残った経験だったからだ。僕はショックを受けた。報告書のなかでこの経験をロンドンに伝えようとしたが、無理だった。オーウェル［一九〇三～五〇。イギリスの小説家、批評家］をまねたジャーナリスティックな文体でも、外交文書のもっとそっけない言葉でも、自分が見たことの衝撃をとらえることはできなかった。

上司の助力もあって、僕はドイツのマイノリティ[◇03]について、理論的に語った。一つには、自分が目にした厄介な現実を理解するための枠組みや、説明を与えてくれる体系を探していたという理由がある。また、外交の論法にもっとふさわしい用語（市民権とかアイデンティティ、人権といった言葉）を見つけるためでもあった。外交の論法では、むき出しの生々しい現実の報告よりも、抽象化したほうがずっと受け入れられやすかった。ハンブルクかボスニアかどこかにいじめられている人々がいます、などとロンドンへ書き送るのは非常識というものだ。

ロマをはじめとするドイツのマイノリティの状況は、ドイツにおけるイギリスの「国益」には関係がなかった。そのため、報告書は大使館と「ロンドン」との通常の連絡手段である電信扱いにはならなかった。電信なら、機密扱いされて暗号化され、到着すれば政府内のさまざまな部署の官僚にまわされる。その代わり、報告書は「袋《バッグ》」に入れて送られた。これは毎週ロンドンへ送られる書類入れで、緊急性が低いと考えられるものが何でも入れられた。受け取った側が中身を読む気にならないのが保証されているような通信手段だ。政府内の多くの部署で数百枚もコピーされる電信とは違って、一つの封筒に入って、当時は西ヨーロッパ部といわれていた部局に属するドイツ担当部署へ送られた。返事どころか、受け取ったという連絡さえもらっていない。

僕自身も返事を期待してはいなかった。報告書のテーマとなった問題は、ＥＵ支配、ＮＡＴＯの将来、貿易交渉、「われわれ」がボスニアで何ができないか、といったハードな問題と違って、外交やボン大使館が「関わる」問題ではなかったからだ。同盟国の内政問題について発言するのは、もちろん僕たちの仕事ではない（そういうことは貧しい国を相手にしてしかやらないのだ）。

アフガニスタンの「実情」

Ｃ－１３０ハーキュリーズが轟音とともに、山々の間を急降下している。僕は、パイロットのすぐ後ろの小さな座席に乗り込み、やっと肩が入るだけのアクリルガラスの小さなドームに頭を突っ込んでいる。

僕は手に汗握っていた。機体の上から外を見ると、目の前に視界が広がり、後ろは機体の後部が霞のような雲を切り裂いている。両側には巨大などっしりした翼と、うなりをあげるエンジン。

前に向きなおると、雲を分け、急峻な山の頂を越え、広々とした平地へ急角度で降りていく。まるで怖いもの見たさに猛スピードで走る車のサンルーフから頭を出している子どものような気分だ。でもこれは巨大な機体で、高度は地上一五〇〇メートル、ヒンズークシ山脈を轟音とともに越え、バグラム基地に向かって降下していた。

二〇〇二年春、アフガニスタン。ここが外交官としての最後の配属地になったのはふさわしいことだったかもしれない。ニューヨーク国連代表部でのポストを短期間離れて赴任した。十代のころ、僕は絵葉書を集めてベッドの横の壁にはっていた。そのなかの一枚は、よく知られた写真で、アフガニスタンの山岳地帯で礼拝用の敷物にひざまずくムジャヒディンの戦士を写したものだった。手を差しのべてアラーに祈る戦士の横に、カラシニコフ銃。エリック・ニュービィの『ヒンズークシでの散歩』〔*A Short walk in the Hindu Kush*〕は僕のお気に入りの本だった。そしてアフマド・シャー・マスード〔アフガニスタン軍司令官、国防大臣を歴任。二〇〇一年九月九日暗殺〕がソ連の戦闘ヘリや爆撃機と勇敢に戦うのが、僕のお気に入りの戦争だった。

タリバン崩壊後、イギリスが駐アフガニスタン大使館を再開するにあたって、僕はカブールへ派遣してもらえるように根回しした。資格はほとんどなかった。国連安保理でアフガニスタンを「やった」ことがあるだけ――つまり、カブールで警察を支援したＩＳＡＦ（国際治安支援部隊）のための安保理付託の交渉にあたったことくらいだった。でも、ソ連の侵攻以来、長年、アフガニスタンに足を踏み入れたイギリス外交官はごくわずかで、アフガニスタンの言語を少しでも知っている者はさらに少なかった。それで二〇〇二年三月、僕は駐アフガニスタン大使館に赴任し、大使館が長期にわたって閉鎖されていたころ建物と庭の世話を欠かさずしてくれていたかつての従業員から、庭でお茶を出してもらうことになった。

イギリス大使館だったところは荒廃していた。広い敷地に建つネオ・クラッシック様式の大使公邸は、かつては立派だったが、いまではぼろぼろになっていた。敷地内には、部下の外交官の、サリー〔ロンドン南部に接する州〕郊外風の住宅の焼け跡が点々としている。アフガニスタンの丘にチューダー様式を模した建物。イギリス官界の典型的なブロムリー〔ロンドン南東部〕人にとっての、もう一つの我が家だ。ただ、大使館のある場所はパキスタン領になっていて、イギリスはかつての敷地の小さな一角を使うことを余儀なくされた。軒を並べるように建つ低層の建物群は、以前は大使館の病院だったところだ。

大使、外交官、サポートスタッフ、それに多くの護衛の兵士からなる大使館の一行は、いくつかの小さな部屋をみんなで使っていた。僕たちの執務室は小さな書斎と廊下。長方形の食堂で一緒に食事をとり、イギリスが長く不在だった間も従業員がとっておいてくれた紋章つきの器やナイフ・フォーク類を使った（銀の燭台もしまっておいたのだが、僕たちより前に英陸軍特殊空挺部隊〔SAS〕から来た訪問者に持っていかれてしまったと彼は残念がっていた）。朝食には、ベーコン、卵、コーンフレーク、夕食はビーフと焼いたジャガイモ。紅茶はいつでも飲みたいときに飲める。

ほとんどの時間、大使館に閉じ込められていた大使館員は、自分たちの知っている話をした。

サッカー・プレミアリーグの試合の最新情報、テレビの連続ドラマ。夜はゲームをしたり（「トリビアル・パスート［雑学的知識を求める質問に答えながらコマをすすめるボードゲーム］」やジェスチャーゲーム）、英空軍が膨大なコストをかけて空輸したビールやウイスキーを飲んだりした。ニューヨークで過ごしたコスモポリタンな四年間の後では、ウェーマス［ボストン南郊］かどこかの陰気なホテルに閉じ込められたような気がした。

アフガニスタンは、僕たちを「外《アウトサイド》」から守る高い塀の向こうにひそんでいるようだった。塀の上部には、コイル状に巻いたレーザーワイヤーと粗布の網がはられていた。網は、僕たちの安全にとって最大の脅威と恐れられていた携行式ロケット弾（ＲＰＧ）を防ぐためだ。

政務担当書記官としての僕の仕事は、アフガニスタンの政治動向をロンドンへ報告することだった。赴任する前、僕は、カブールの混み合ったカフェに座り、地元の人たちと政治談議をする光景を思い描いていた。けれども到着してわかったことは、少なくとも二人の護衛（ＣＰ）チームにエスコートされて重装備したランドローバーに乗るのでなければ、大使館の塀の外には出られないということだった。ＣＰチームが訪問先を偵察できるように、何日も前からアポイントメントをとらなければならない。時間のかかるいらだたしいプロセスで、衛星電話をもつ数少ないカブールの住人に電話を何度もかけたり、会合をもつため地元の「顔役」を送り込んだりした。

アポイントメントがとれて、ＣＰチームの偵察も完了すると、僕たちは、重々しく走る白いランドローバーで現地に乗り込む。ボディガードが飛び降りてマシンガンを構える。それからグレーのスーツを着てノートパソコンを抱え、通訳を連れた僕が、目を輝かせ、アフガニスタンの「実情」を知ろうと降り立つのだ。

当然ながらこれは、この国を吹き荒れる、複雑で強大な力を探り出す方法としてベストではなかった。僕が会ったアフガン人は慎重で、友好的態度を崩さなかった。武装した兵士が横にいては、彼らがたいてい僕たちの聞きたがっていることを言ったとしても不思議はない。「タリバンの追放を歓迎している」とか「イギリスの支援に感謝している」といった話だ（タリバンの敗走はほとんど米軍の力によるということを、礼儀正しい彼らは指摘しなかった）。彼らが求めていると言ったものは、和平、安定、そしてこの二つほどたびたび話題にはならなかったが、民主主義だった。

僕は、ロヤジルガの準備に奔走するアフガン人や国連スタッフと話すことに多くの時間をあてた。ロヤジルガとは、新政府を選ぼうとしているアフガニスタンの各地から集まった、アフガン人の代表団による議会だ（「アフガニスタン式民主主義」と呼ぶ同僚もいた）。国連は、仕事に差し障るような厳しい安全上の警戒措置に僕たちほどわずらわされていなかったので、もう少し情報に通じていた。国際社会にいる有能で経験豊かなアフガン人「専門家」も何人か雇っていた（パシュトゥン語やダリ語を操る人もいた）。この不案内な国で少しでも情勢判断を得ようと必死だった僕は、政治地図の上で特定できるすべての派閥を探し、すべての勢力と話そうとした。

地元のリーダーに会うために、何度か旅行をした。英首相特使がアフガニスタンを訪問したとき、僕は特使に同行した。マザリシャリフ［同国北部の交通の要所］では熊のようなドスタム将軍［のちに参謀総長〕を、ヘラートではなぞめいたイスマイル・ハーン〔のちにエネルギー相。元ヘラート州知事〕を訪ねた。でも、こうしたお伴ではない形でカブールを離れようとした試みは、なかなか成功しなかった。空路でしか移動できなかったし（道路は危険すぎた）、英空軍機に乗らなければならなかったし（軍事目的でたいてい使用中だった）、海兵隊のエスコートの調整が必要だった（空軍機と地上に到着した僕たちの護衛のため）。

一度だけ、なんとか実現した。遠く離れた美しい街、バーミヤン（仏像が破壊されたことで知られている）を訪れる軍関係者が嫌がるのを説き伏せて、連れて行ってもらったのだ。山岳地帯を上り、土埃の道と急な谷間を四輪駆動車に揺られて走った。それから何時間もあぐらをかいて座り、羊肉と米の食事をしながら、ハザラ人のリーダー、カリム・ハリリとアフガニスタンの将来について語り合った。

隠されたストーリー

カブールにもどるために、僕たちの一行はランドクルーザーの屋根に小さなパラボラアンテナを広げ、土の滑走路だけのバーミヤン飛行場にC－130ハーキュリーズを呼んだ。飛行機は轟音をあげ、車輪が小石をまき散らした。

山々はとても美しく、人々は絵のようだった。光は透明ですばらしかった。でも、こうしたイメージが、ほんとうのアフガニスタンといくらかでも関係があるのかどうか、僕にはわからないまだ。僕は土地の言語を一つも話せない（大使館で話せるのは、通訳一人だけだった）。そのため会話はいつでも制約が多くて堅苦しい、ある意味で非人間的なやりとりになってしまう。アフガニスタン滞在中のもっとも印象的なイメージは、ＣＰランドローバーの冷たく分厚い防弾ガラスの窓から眺めた、活気あふれるカブールの人々の姿だ。

とはいえ、アフガニスタンの実情を「ロンドン」に知らせる簡潔な電信を書くことには何の支障もなかった。僕のレポートの中身は、ロヤジルガの見通しから、ハザラ人の将来、カブールの新年の祝日（ナウルズ）まで多岐にわたっていた。ただ僕は、何が起こっているのかほんとうはわかっていないと言おうとした（言語その他の点で、僕たちの仕事に限界があることを僕は何度もくり返した）。それでも、伝える意味のあるメッセージが一つあった。いわゆる軍閥たち（ドスタム、イスマイル・ハーンなど）自身を除けば、会う人はみんな、軍閥の支配から自由になることを求めていると僕に語った。人々は「安全」を求めていた。

国連もそう言い、駐アフガニスタン米大使も英大使もそう言い、僕の会ったイギリス軍関係者もジャーナリストもみんなそう言った。僕自身がカブールに閉じ込められ、ＣＰチームに護衛されているという事実も、同じことを示していた。アフガニスタンは安全ではなかった。ＩＳＡＦはカブールではいくらか安全をもたらしていたが、カブール以外は無秩序状態に近かった。ただ、ドスタムやイスマイル・ハーンのような地元の大物による、専制的で、ときには暴君的な支配を受けている地域でだけ、いくらかそれが緩和されているにすぎなかった。

もっとも驚くべきことは、各地域からの多くの代表団によってロヤジルガ関係者にもたらされたメッセージだった。「安全を求めている。安全のために、ＩＳＡＦを全土に展開してほしい」。――そしてこれが、まともな分別のある人ならだれもがはっきり口にしていたにもかかわらず、「われわれ」英米両政府が与えようとしていないものだった。

タリバン掃討作戦は何のためだったのか。それは結局、アフガン人の安全のためではなく、僕たちが決める、僕たち自身の安全のためだった。アフガン人の笑顔が予想ほど温かくなかった理由は、もしも同時多発テロやビン・ラディンの騒ぎがなければ、アフガニスタンはいまでもタリバンの支配の下で忘れられ、苦しんでいただろうと彼らにはわかっているからだ。首相をはじめイギリス政府が「アフガニスタンを決して見捨てない」と表明しても、疑いの目を向けられるだけだった。

アフガニスタンのさまざまな勢力によって、ある別のストーリーが展開されているということに、僕はゆっくりと気づいていった。僕や大使の書く電信にはほとんど出てこないし、民主主義の構築とかロヤジルガとか、そうした高尚なこととは何の関係もないストーリーだ◇04。

僕が気づいたのは、こういうことだった。ロヤジルガの目的の一部は、軍閥から権力を取り戻すことにある。ところが、そのロヤジルガへの参加を求めて、僕が政治家に働きかけたり機嫌をうかがったりして走り回っていたころ、一方では、軍閥にわいろを送って彼らの忠誠を買おうとしていた人間がいたのだ。そういう人間たちに言わせれば、それはテロリスト、つまりアルカイダとタリバン残党、「ＡＱＴ」を追跡するためだという。

　僕は気がつくまでに少し時間がかかったが、このことはしばらく前からカブールの国際社会では公然の秘密だった（最初に僕に教えてくれたのは、国連関係者だったと思う）。さめた目で見ていた人たちの間ではジョークがささやかれていた。政府関係者も各地の軍閥も、アフガニスタンに関わっている外国勢力、たとえば米、英、ロシア、パキスタン、イランなどから最高額を引き出すべく、入札合戦をあおっているというのだ。政府内には、すべての外国勢から金を受け取っている人間もいると広く信じられていた（それを非難できるだろうか）。

　二つのストーリーの違いがどこにあったかは簡単にわかる。大使館での大使館版の現実はこうだった。――われわれは、中央集権政府による民主主義への移行プロセス（ロヤジルガ）を支持する。中央政府は地方の上に立ち、カルザイ氏のような感じのいい人物に一任される（彼は幸いにしてわれわれの理解できる言語を話す）――。僕たちの活動と報告はこの目的をめざしていた。国連も、暫定政府とロヤジルガの運営を支援し、この目標に向かって動いていた。[◇05]

　けれども、その間に別の戦略が展開され、多くの場合、僕たちにはまったく知らされていなかった。建前としては、これは補完的な戦略だとされていたが、起こったことをみれば、そうはならなかったようだ。その戦略とは、対「ＡＱＴ」戦争への協力を取り付けるため、各地の権力ブローカーの支持を金で買うことだった。

　さらに、もう一つの目的が加わって、矛盾を拡大させた。タリバン崩壊後まもなく、イギリス政府のだれかが、イギリスに流れ込むヘロインの多くがアフガニスタンから来ることをふと思い出した。この供給を一気に絶つために、ケシ栽培地帯（アフガニスタンのほぼ全域といっていい）の農民に金を払って、その年の収穫を土に埋めさせることが計画されたのだ。大使館のスタッフ多数がこの仕事にかかり、そのための職員も雇われた。莫大な額の現金が、さまざまな地域のボスに、「彼らの」農民を買収して収穫を破壊させるという名目で、惜しげもなく配られた。

この戦略の結果はまもなく明らかになった。国連の薬物統制計画（ＵＮＤＣＰ）によれば、アフガニスタンでの二〇〇二年のヘロイン収穫は、タリバンの支配下にあった二〇〇一年に比べて、ほぼ一〇倍増になった（タリバンはいくつかの例外を除けば、支配地域での麻薬製造にはおおむね反対だった）。その間にも政治安定化のプロセスは滞っていた。主な要因は二つあったようだ。カブール以外での治安の悪さ、不安定状態がいつまでも続いていたこと、各地の軍閥が中央政権にほんとうの支配権を譲ろうとしないままだったこと。軍閥と麻薬業者が中央政府を支配しているとする分析も、二〇〇六年には出てくるようになった。麻薬国家が生まれつつあった。

対テロ、対「ＡＱＴ」戦争がどうなっているのか、僕の知るところではないが、同盟軍によるアフガニスタン侵攻から四年余りの間、南部やパキスタンとの国境地帯で血なまぐさい小競り合いが続いてきた。タリバン（もし彼らがほんとうにタリバンなら）残党の勢力はこうした地域でもっとも強い。

二〇〇二年初め、タリバンがあれほど早々と崩壊した直後にすでに、先の思いやられる兆候があった。イギリス軍の大部分が駐留するバグラム空軍基地を僕は二度訪れた。ある上級将校は、同盟国（米軍を指す、礼儀正しい彼の言い方）が採用している戦略によって、解決をめざした問題が、かえっていつまでも続くのではないかという不安を口にした。以下は彼が教えてくれた一つの例だ。

航空偵察がパキスタン国境の近くで、ＡＱＴ基地の恐れがあると疑われるような様子をした野営を撮影した。追撃砲か小型の大砲用らしい丸いくぼみや、カムフラージュされたトラックと塹壕もある。調べるためにイギリス軍の偵察班が送られた。はじめは丘の上から野営を偵察したが、判断がつかない。それで思い切って下りてみることにした。行ってみると集落だとわかり、ＡＱＴどころか、アフガニスタンでクチ人として知られる遊牧民の野営地だった。「砲撃用のくぼみ」は、杭につながれたヤギが草を丸く食べてできたもので、「塹壕」は排水溝、「カムフラージュされたトラック」はすり切れた古テントだった。友好的に迎えられた偵察班は、「ＨＲ（人道援助）」を空から行うことを決めて、そこを離れた。

「われわれの同盟国」がこの野営地の情報を最初に受け取っていたら、と将校は言った。「跡形もなく爆撃していたでしょう」。彼が話しているとき、米空軍のＡ－１０ワートホッグ対地攻撃機が彼の後ろの滑走路をゆっくりと進み、任務を果たすために轟音とともに発進していった（これ以来、アフガニスタンで民間人への誤爆は頻繁に起きている。たとえば二〇〇六年五月、同盟軍の爆撃を受けた村で十数名の民間人が殺害されたと報道された）。

「同盟軍」の目的はＡＱＴをできるだけ多く殺害することであり、地元住民を味方につけることではない、と将校は言った。一方で、アフガニスタン国内だけでなく周辺国からも、多くの人々が喜んで米軍と戦いに来ている、とも言った。こうして負のサイクルができあがり、はてしなく続いていくことになる。

大使館の役割

「装甲車」と護衛兵士という厚い幕が、アフガニスタンの現実から僕たちを隔てている。この異常事態が大使館と現地の隔たりを表している。厚い幕を突きぬけてくるアフガン人からのメッセージが一貫してはっきりしたものであっても、こうした隔たりのおかげで、僕たちは自分たちのストーリーを映し出した「実情」しか見ずに済ませられる。

カブールとボンでの僕の経験は、外交史における他のエピソードとも照応する。テヘランの駐イラン大使館は、一九七九年にシャー〔国王のこと〕の追放につながった不満と反抗の前兆を察知できなかった。当時の駐イラン大使は率直にそれを認めた。「われわれは他のことに気をとられていた」と彼は打ち明けた。テヘランの大使館が「関わる」仕事は、友好的な親西欧派のシャーに対して、戦車や化学兵器工場を、少しでも多く売ることだった。

ドイツのように、自国とよく似ている国でさえ、外交官はどうしても、自分たちのような人間に引きよせられがちになる。僕たちの言語を話し、僕たちの価値観を共有する人間。そういう人間を見つけるほうが、ずっと簡単だからだ。彼らのほうが僕たちを見つけてくれるかもしれない。友達になってくれて（シャーや多くの閣僚がイギリス大使の友人になった）、ドイツやイランやアフガニスタンがどういう国か、僕たちの理解と思い出をつくってくれる。

（アフガニスタンでは、外交官、国連スタッフ、NGO関係者、報道関係者は、国を離れた者同士で付き合い、うわさ話に花を咲かせる一大グループをつくっていた。アフガン人と付き合うのは危険すぎたし、正直に言って異質だった。ジャーナリストは外交官に情報を求め、僕たちは僕たちでジャーナリストに情報を求めた。こうしてサークルができあがり、そこでは、「実情」について自分たちが選んだストーリーを確かめ合うことができた。この確認サークルの誘惑をはねつけ、自力で事実を探り出した立派なジャーナリストや国際NGOの関係者もいたが、残念ながら彼らは例外のようだった。）

優秀な外交官ならこうした風潮に抵抗するだろうが、それは実際、どれほど勤勉な人にとってもむずかしい。アメリカ、イギリスをはじめ西欧諸国の大使館で、安全のための壁がどんどん厚くなり、外交官が「実在の人々」を探して会うことはむずかしくなる一方だろう。「ふつうの」アフガン人と一緒にカブールのカフェに座るという僕の夢は、いつも途方もない空想だった。ニューヨークでアフガン人に会うほうが簡単だったくらいだ。

でも、こうした制約があるからといって、大使館が駐在先の国の「実情」について、詳しい報告書を書くのに困ることはないだろう。僕がカブールの大使館のフェンスの内側から律儀に報告したように。現地政府は彼らのフェンスの内側から僕たちに話しかける。だから、大使館の有用性、政府間対話は、この限られた意味では保たれているのだ。

しかも大使と外交官は、自分たちがいかによく働いているかの指標として、現地当局との密接な関係を強調しがちだ。僕が外交官だったとき、大使たちは、大統領や首相と夜遅く言葉をかわしたときやゴルフをしたときに言われたりほのめかされたりしたことを、逐一、ロンドンへ伝えるのを怠らなかった。たいていこうした話は、外交官が「異例のルート」を確保していることが強調されるように、高度の機密事項とされ、限られた範囲にしか回されない（情報自体はありきたりなものであっても）。関係の親密さと特別さのデモンストレーションとして、ちょっとした個人的な話が彩りを添えていることも多い（大統領の好きなウイスキーとか、イギリス王室のファンだとか）。

こうしたふるまいの結果、外交はごく一部の人間同士の特別なコミュニケーションなのだという感覚が強められる。下々の民より一段上のレベルで、エリート同士が対話するというイメージが強まる。——大使館が政府のために果たす役割とは、そういうことなのだ。

第3章
選ばれた事実

事実とは何か。

ポストモダンの哲学論争ではない。国際法を定める交渉だった。けれどもこの本質的な問題が僕たちの議論につきまとい、事実をめぐって合意に達することができなかった。

膠着状態

協議は連日、一日に数時間つづいた。協議が行われた場所は、「NAM会議室」と呼ばれた狭苦しい部屋だった。NAMは非同盟運動（Non-Aligned Movement）の略で、冷戦時代にNATOともワルシャワ条約機構とも結びつきをもたなかった国の集まりだ。冷戦は終わったが、ＮＡＭは生き残り、部屋も残った。

その部屋は、国連安保理議場の隣室のそのまた隣りにあった（ＮＡＭと権力との距離を反映しているのだろう）。部屋は、一一六カ国からなるＮＡＭには小さすぎる。実は安保理の一五の理事国代表にでも小さすぎる。テーブルには詰めても一〇人しか座れない。協議開始にあたって、テーブル席をめぐる紳士的とはいえない争奪戦が展開する。遅れて部屋に入った人は、壁際に並んだ座り心地の悪い椅子に座り、以後数時間、ひざの上の書類が落ちないように、ぎこちなくバランスをとらなければならない。もっとも、この問題は長くは続かない。最初の数日が過ぎると、非常任理事国[◇01]のうち小国の代表団は、採決で投票しなければならないにもかかわらず、協議に出席するのをやめてしまうのだ。

今後の対イラク制裁というような重要なテーマをめぐる協議に出席しないのは、投げやりで、怠慢なように見えるかもしれない。でも、出席しなくなるのは小国の代表団で、安保理の多くの議事に忙殺されているし、それにほんとうのところ、彼らはいてもいなくても大して変わりはない。もう少し有力な非常任理事国なら、代表団の規模からくる制約にもかかわらず（安保理の議題すべてをカバーするのに、わずか三、四人の外交官ではなかなか手が回らない。一方イギリスには少なくとも一二人の外交官がいた）、安保理協議にそれなりの貢献ができることもあった。それでも彼らの役割は、そこでくり広げられる攻防戦の観客にすぎなかった。常任理事国の間で合意が成立すれば、それがどのような結論であれ、こうした国々が賛成票を投じることが僕たちにはわかっていたし、彼らにもわかっていた。だから、安保理に出席しないのはある意味で、彼らにとって合理的だった。それでテーブルにスペースの余裕ができることになる。

僕たちの協議は、イラクに対する「石油食糧交換プログラム」の「更新」条件に合意するためのものだった。「石油食糧交換プログラム」は一九九六年以来存在し、食糧・医薬品を含む人道的に必要な物資を、国連を通して購入することをイラクに許可するものだった。プログラムの条件は、六カ月ごとに交渉しなおす必要があった（更新のつど、新しい決議を安保理が採択する）。――建前上はこれが協議の目的だったが、実際の議論の焦点は、「対イラク制裁をどれだけ緩和するか」だった。石油食糧交換プログラムに関する決議の細部はわかりにくく曖昧だったし、その細部で、イラクが何を輸出入できるか、物資の流れをどのように規制するかが決めてあった。◇02

そしてこれこそ、僕たちが事実をめぐって合意に達することができない理由だった。協議が行われた二〇〇一年までに、対イラク制裁をめぐる議論は、互いに完全に矛盾し対立する二つの立場の間で、膠着《こうちゃく》状態に陥っていた。

一方の側にはわれわれ（イギリス）とアメリカ、それにオランダのような親英米の非常任理事国一、二カ国がいて、他方の側にはフランスを筆頭に、ロシア、その他の理事国がいた。英米両国の立場は、イラクが大量破壊兵器◇03の武装解除義務を順守しない以上、制裁は不可欠というものだった。イラクに人道的苦難があるとすれば、それは、武装解除義務を守らず、石油食糧交換プログラムを適切に実施しないイラク政府の責任ということになる。

主張を正当化するため、僕たちは一連の「事実」を展開した。たとえば、プログラムの運営をイラク政府でなく国連が担当しているイラク北部では、病院や学校が設けられてスムーズに活動し、物資は必要としている人たちにきちんと届いている（実際、北部では石油食糧交換プログラムの効果が高すぎて、もし制裁が解除されてもプログラムを止めないでほしいとクルド系政党が僕たちに要請してきたくらいだ）。国連のプログラム監査機関、イラク・プログラム・オフィスの報告からも、プログラムが人道的にみて状況の改善をもたらしていることがうかがわれた。

イギリスの政治家が日常的に用いていた主張もあった。「イラク国民が苦しんでいるときに、フセインはぜいたくな宮殿を建設して設備を整えている」というものだ（僕たちは交渉でこの主張を使わない傾向があった。なんとなく稚拙でプロパガンダ風で、外交官が使うにはレベルが低すぎる気がした）。僕たちは、国連を通して提出された輸入注文書を提示し（輸入注文書は、少なくとも合法的なものは、すべて国連を通さなければならなかった）、ばかばかしいほど不必要な商品が注文されているのを示した。ネクタイ一万トン（確かにトンだった）、メロディ付きのドアベル二万五〇〇〇個。政権は、たばこやウイスキーも大量に輸入していた。こうしたすべてのことが意味するのは、イラク国民が苦しんでいるとすれば制裁のせいではなく、すべてイラク政府の責任だということだった。

あちら側では制裁反対派の各国が、同じくらい強烈な一連の「事実」を積み上げていた。薬のない病院、栄養失調の子どもたち、本も机もない学校、交換する部品のない下水道、動かない発電所、タイヤのない救急車……。NGOやイラク政府（イラク国民の苦難を訴えるヒステリックな言葉で、イラク政府は大健闘していた）、あるいは国連による報告書が次から次へとくり出された。もっとも有名なのは、ユニセフ（UNICEF）の報告書。湾岸戦争以前からの死亡率データにもとづいて、制裁が課されて以来、五〇万人の子どもが死亡したと推測していた。制裁前と同じ死亡率のままなら、こんなことは起きなかったはずだという。この、どちらかと言えば回りくどい慎重な判断が、制裁反対派の手にかかると「制裁は五〇万人の子どもを殺した」という発言になっていた。そうした発言は報告書の結論を過度に単純化したものだとユニセフも言うだろう（たとえ発言内容はほんとうかもしれないとしても）。そして単純化は誇張を招き、後になってビン・ラディンが、制裁は二〇〇万人の子どもを殺したと言うことになる。

どちら側の主張のどの事実に対しても、それに反する事実を展開することができた。相手がユニセフ報告書を持ち出せば、僕たちは礼儀正しくうなずいて、こう言った。

「ええ、たしかに深刻な数字です。ただ（ここで、眉をひそめる）、イラク政府の数字にもとづいたものですね（たしかにその通りだった）……ですから（歯の間から息を吸う）信頼できる数字として扱うことはできかねるかと」

一方で、僕たちのどの主張に対しても、フランスやロシアは反証をずらりと並べてみせた。たとえば、「イラク北部の州が石油食糧交換プログラムから受け取っているものは、不相応に多い」

（これはほんとうだった。ただしこの不均衡だけでは、北部での福祉事情の違いは説明できない）、「イラク政府の無駄づかいと非効率のひどい事例があるからといって、制裁を現在の形でつづけるべきだということにはならない」などなど。

どちらの側にも優秀な外交官がいて、国連の報告を徹底的に調べて資料を書くのに時間を費やし、互いに相手をたたきのめすため知性とエネルギーを注いでいた。たびたびのことだったが、代表団の間で、あるいは安保理のインサイダー用語でいうところの「事務レベル」[◇04]で、協議が暗礁に乗り上げれば、大使レベルの協議が設定された。だがそこでも、参加者が変わり、雄弁か訥弁《とつべん》かの違いがあるだけで、まったく同じ主張がくり返された。ロシア大使は明快な主張を英語で展開できる人物で、議論が完全に頭に入っていた。他の違いといえば、大使レベル協議は別の部屋、「非公式」安保理議場で行われるということだけだった。

言うまでもなく、結果は完全な行き詰まりだった。協議は、彼らの「事実」と僕たちの「事実」があきあきするほど並べられ、テーブルをはさんで飛び交うだけになった。この塹壕戦を耐え忍んだ理由はただ一つ、自分たちが正論を述べているという印象を非常任理事国に与えることで、今後の他の議論において彼らの支持を得やすくなるのではないかと期待していたからだった。もっとも、これもほとんど時間の無駄だった。非常任理事国の人々は、常任理事国が自分の気に入らない提案を阻止できることを知っているからだ。それにどのみち、主張の応酬であっというまに、議論は理解不能なものになっていた。

事態は悪化した。僕たちは、フランスやロシアが提案することは何でも、彼らの提案だという理由だけで却下した。向こうもそうだった。新しい提案をしてみたことが何度かあったが（たとえば、イラクへの輸出を検証するプロセスを一部変更するなど）、相手側がまったく譲歩せず、はねつけられた。六カ月後、次の「更新」交渉の時期が来て、彼らがまったく同じ考えを提案し、今度は僕たちが反対する。イラク政権とその同盟者に抜け道を許すような欠陥がないとは言い切れない、という理由で。

この議論には重要な欠席者がいた。そう、イラク国民だ。僕たちが、ＮＡＭ会議室でいらいらと主張をぶつけあっている間に、イラクの一般市民は、機能不全の経済と闘い、減る一方の収入で細々と生活していた。彼らの運命が、あのむっとする会議室での議論の焦点になるにはどうすればよかったのか、いまなら簡単にわかる。あの不快で、暖房のききすぎた小部屋にいた僕たちみんなに、実際に起きていたことについての感覚が少しでもあればよかったのだ。

ほとんどすべての情報源は、何らかの形で疑いをもたれ、そのためどちらか一方の側が退けることができた。イギリスとアメリカには、自分たちの主張がうまくいかない場合にいつでも展開できる主張が一つあった。イラクから出される報告は必然的に疑問のあるものだ、ということだ。国際機関はイラク政府の監督下でしか活動できなかったからだ。国連でさえ、公平ではありえなかった。国際いくつかの部局が「特定の目的」をもった人間に率いられ、「政治化」されているのではないかと僕たちは疑いをかけた(まるでこの議論に、まだ政治化されていないものが残っていたかのようだ)。疑いの少ない部局もあって、僕たちはそういうところの報告を引用した。議論のオブザーバーたちは、対立する両陣営がそれぞれ公平とみなす国連の報告を引用し合うという茶番劇に立ち会うことになった。ジャーメイン・グリアがかつて言ったように、「すべての引用は文脈から切り離されている。それが引用というものだ」[◇05]。僕たちの情報はすべて、脈絡を欠いていた。

けれども、こんな「双方の言い分」の話をいつまで続けてもしかたがない。信頼できる、しっかりした確実なデータがなく、互いに相手の主張を粉砕する能力があったために、一つの非常に重要な真実――おそらく唯一の真実と言ってもいいものを、僕たちは避けて通っていた。いいデータはなかったかもしれないが、だからといって明白なことに目をつぶるべきではなかった。

議論が堂々めぐりをくり返した後で、僕はどうしてもこのままではいけないと感じはじめた。ニューヨークでテーブルのまわりに座って、イラクで何人の子どもが死んでいてそれがだれの責任なのかを論じることには、何かひどくまちがったところがある。

「賢い制裁」

二〇〇一年には、この仕事についてから三年以上たっていた。多くの国連職員やＮＧＯ関係者に会い、イラクに駐在している他国の外交官にも大勢会った（イギリスもアメリカも、イラクのクウェート侵攻以来イラクとの外交関係は断絶し、大使館もバクダッドにはなかった)。「本物の」イラク人(つまり政府関係者以外)にも会った。こうした人々は、「特定の目的」をもつ人々ではない。そして彼らはみんな一つの点で一致していた。「事態はずっと前から深刻だ」。もっと早く気づくべきだったのだが、僕はゆっくり気づいていった。状況を改善するためにできることをするほうが、事態悪化の責任を押しつけ合うのにエネルギーを費やすよりも、ずっと大切だということに。

この認識は、イギリス政府のなかに前よりも広く浸透しはじめていた。イギリス国内の制裁反対運動は、アメリカよりもずっと勢いがあり組織的だった(おそらく単に距離的に近いからだろう)。必要な医薬品がないために死んでいく子どもたちや、あふれる下水道の写真を前にして、閣僚は制裁の正当化がどんどんむずかしくなっていることに気づいた(閣僚は、反論攻勢を撃退することにかけて外交官ほど熟練しておらず、その代わり、フセインの宮殿やウイスキーといった、威力の弱い大ざっぱなプロパガンダのほうに頼りがちだった)。制裁反対論をまき起こしたジョン・ピルジャーのドキュメンタリーは、特にインパクトがあった(アメリカでは一度も一般公開されていない)。そのため、イギリス政府は政策の見直しを決定した。

政策の見直しなどと言うと、立派そうに聞こえるが、実際はそうではない。言葉から浮かぶイメージは、知識豊富な上級官僚が膨大な書類の上にかがみこみ、綿密に検討、検証して選択肢を吟味する、というものだ。政策の見直しがあると聞いたときに僕が想像したのも、大使館と外務省の間で熟慮を重ねた公文書が交わされ、閣僚、専門家、官僚が一つの仕事に結集することだった。

選ばれし者、政策立案者。われわれは賢明で、憂慮している。事態を正すのだ、と。――それはまちがいだった。

見直しは一九九九年の早い時期に始まって、翌年まで終わらなかった。大方は、事情に通じていない上級官僚からの手紙がとりとめなくやりとりされたものだった。官僚のほとんどは現行の方法についてあまりに無知だったので、ずっと前から導入されているものを新しく提案してきた。僕自身も含めて僕たちの見方はみんな、現場の現実に照らして修正されたりしなかった。

国防省のある官僚は、制裁は「決してうまくいかないもの」だから、唯一頼みにできるのは軍事行動だと語気を強めて見解を述べた（国連代表部にいた僕や同僚は、この後の展開がほとんど見えていなかったので、そのときはこれをばかばかしいと思った）。

中東地域の大使館にとって仕事はいたって簡単で、こう言ってきた。

「……（アラブ諸国の名前のどれか一つ）は、制裁緩和を歓迎するだろう。制裁が与える人道的影響について、アラブの町中《オン・ザ・ストリート》では深く憂慮されているからである◇06」

政務である以上、見直しは内密だった。制裁について「考えている」ということを他の外交官数人にささやくことはあったが、多くのＮＧＯ関係者や事態を懸念していた人々――たとえば人道援助の専門家や学者――は、議論の多いこの制裁見直し問題に関心をもっていたにもかかわらず、蚊帳の外におかれた。僕たち官僚がたまたま彼らの報告を読めば別だったが、僕たちのほとんどはそういうものを読まなかった。忙しかったのだ。

なにしろ、制裁政策はあまりに複雑で、ごく少数の人間しか理解していなかった。国連代表部が制裁見直しに貢献したことといえば、大方は、他の上級官僚のまちがいを正すことだった。一人の官僚が見直し作業全体を把握するようになって、ようやく恰好がついてきた。彼はいくらか時間を割いて、込み入った事柄を多少は頭に入れた。閣僚が絡んでくると、議論はあまりに単純なレベルに落ちて、ほとんど無意味になった。ある閣僚はアメリカ側との対話でこのテーマに触れた。記録によると、一般論が少々交わされ、「やはり、見直しが必要ですね。焦点を絞る、と言いますか」。それからもっとおもしろみのある話題に移り、細かいことはいつものように「事務レベル」に任されることになった。

問題は、政策というのはそうした細部にほかならないということだ。ずっと後になって、長い見直しプロセスのなかで一度だけ、細部を把握しようとした閣僚がいた。僕たちは、新しく修正した制裁提案を受け入れるよう、ロシア外相の説得にかかっている最中だった。この閣僚の求めに応じて、僕は二〇ページの資料を書いた。彼は一晩で読み、翌日その議論を展開して相手を圧倒した。イワノフ外相はまったく手も足も出なかった。

数カ月に及ぶ紆余曲折の見直し作業の後、とるべき方策について、外務省内部でなんとか合意に達した。考え方はシンプルだ。現状ではイラクは、国連制裁委員会によってはっきり承認された品目以外は何も輸入することを許されていない。これからは、はっきり禁止されたもの以外は何でも輸入を認めることにする。逆の発想だ。概念的にはすっきりして、メディア向きだったが、細部は込み入っていてむずかしかった。

この新制度の採用に向けて安保理の説得を始める前に、まずアメリカを説得しなければならなかった。これは思ったよりずっと大変だった。アメリカ国務省は、イギリス政府と違って、制裁見直しへの政治的圧力を受けていなかった。それどころか、どのような新制度でも、フセインに「弱腰になった」と共和党右派から非難される心配があった（クリントン政権の末期だった）。政策が複雑だということは、イギリスの閣僚がアメリカに対して影響力をほとんど行使できないということでもあった。それでも、「国務」（僕たちインサイダーの間での米国務省の呼び方）での長い折衝と、「ワシントン」への圧力をかけるよう「ロンドン」に求める矢継ぎ早の電信が、やがて功を奏した。

僕たちは、消極的賛成のアメリカとともに安保理に乗り込み、新方式を提案した。僕たちはそう呼んだことはなかったが、この方式はメディアから「インテリジェント（賢い）制裁」と名づけられた（当然、それまでの制裁は「ばか」だったのだ、とイラク副首相から痛烈に切り返された）。こうして僕は、安保理「事務レベル」協議の議長として、新しい制裁への合意のとりつけに努めることになった（イギリスの提案だったので、協議召集と議事進行をイギリスが引き受けた）。

停滞

自国のために国際法の交渉にあたることに、最初は感動していた。ニューヨーク勤務になって、初めてその仕事をしたころ、僕は一日が楽しみで、毎朝ベッドから飛び起きたものだった。高揚のあまり、シャワーで雄叫びをあげた。これこそ仕事のなかの仕事だ。

でも、「インテリジェント制裁」（僕たちも仕方なくこの呼び名を受け入れた。他のだれもが使っていた）の交渉をするころには、ずいぶん熱も冷めていた。石油食糧交換プログラムの更新はそれで七回目。「事務レベル」担当者のほとんどは入れ替わったが、議論は相変わらずだった。まるで『恋はデジャ・ブ』〔一九九三年の米映画。毎日二月二日がくり返される不思議な町に足止めされたキャスターの日々を描く〕の笑えない外交版にはまり込んで、同じエピソードを何回も何回もくり返しているかのようだった。相手が「イラク市民の困窮」と言えば、こちらは「イラク政府の非協力的姿勢」と言う。新しい発想が出てくるのはむずかしく、出てきたときも、却下されるだけだった。

新提案の「インテリジェント制裁」は、それまでのほとんどの提案より新鮮味のあるいいものだったが、僕たちの賢い新兵器も、安保理での攻防の性格を変えるには至らなかった。僕はまたもや、あの同じ、空気のよどんだ不快なＮＡＭ会議室で立ち往生した。

今回の雰囲気は、ことのほか悪かった。長年の議論が、「事務レベル」担当者の間に深い溝を刻みつけていた。国家間の隔たりが、個人的な反目になっていた。アメリカの代表団が発言しているとき、フランスは天井を見つめてにやにやしていた。フランスの番になると、アメリカ代表団は書類をガサガサ言わせ、互いにささやきあった。その部屋にいるのは不愉快だった。協議を開始してすぐに、先が長くなることがはっきりわかった。

アメリカは、自分たちがこれほど大幅に譲歩したのだから、だれもが疑問をはさまず受け入れるべきだと感じていた。フランスとロシアは、英米のこれほど柔軟な姿勢に慣れていなかったため、必要以上に疑心暗鬼になっていた。僕たちが彼らをだまして、実は不当な支配手段を新しく導入しようとしているのではないかと不信感をもち、重箱の隅をつつくように疑問を示してきた。

イラク政府はといえば、もし僕たちの希望どおりに新しい枠組みが機能すれば、制裁解除のために人道上の理由を持ち出せなくなるので、嫌がっていた。新しい制裁へのイラク政府の反発が、フランスとロシアの敵意にどの程度影響していたか、僕にはわからない。仏ロ両政府にしか答えられないことだ（答えようとはしないだろう）。でも、イラク政府がこれほど徹底して新制裁に反対していたという事実は、反対理由にどれほどひねくれたところがあったにせよ、僕たちの目的にとって助けにはならなかった。こうしたすべてが重なって、交渉はまたしても、遅々として進まない、不快で非生産的なものになった。

「イギリス外交の恥」

協議開催中のある週末、僕は旧友の結婚式に出席するためロンドンに戻った。自分が干からびていくようなニューヨークでの仕事からの息抜きになり、聖歌隊の歌が元気を取り戻させてくれた。ニューヨークへ戻る機内で、一つのアイデアが浮かんだ。次の月曜日、僕と同僚はＮＡＭ会議室にプレーヤーを持ち込み、提案した。

「協議を始める前に、交替で歌を流したらどうでしょう?」

僕が同僚のほうを向くと、彼は、かつてザ・ジャムのメンバーだったイギリスのシンガー、ポール・ウェラーのCDをかけた。

行き先は決まっている
行くべきところへ行くんだ
毎日……
(「ワイルド・ウッド」)

それまで、協議が始まるときはいつも、代表団はごそごそしたりざわざわしゃべったりしていた。落ち着いて仕事にかかるまでに数分かかり、互いの話を聞くまでにはさらに時間がかかっていた。でも、このときは違った。歌が始まるとシンとした。静かな気持ちが僕たちの間に広がった。バングラデシュの代表と目が合うと、彼はほほえんだ。歌が終わると、僕は同僚のGに、なぜこの歌を選び、この歌が好きなのか説明するように頼んだ。他国の代表団は静かに聞いていた。そして協議を始め、僕たちの提案した決議草案を一行一行検討していく間、それまでのような敵意や辛辣な調子はなくなっていた。内容の隔たりは相変わらず大きかったが、とげとげしさは影をひそめていた。

翌日は中国の代表が、中世中国の美しい、耳に残る歌をもってきてくれた。敵が迫り死を目前にした将軍のことを歌ったものだという。その翌日バングラデシュ代表団が流してくれたのは、国の中央に広がる広大なデルタ地帯の羊飼いによって歌われた、報われない愛の歌だった。そして協議は進んでいった。

ある午後、ロイター通信の国連担当記者から、代表部にいた僕に電話があった。彼女は僕たちがプレーヤーをＮＡＭ会議室に持ち込むのを見ていて、フランス代表団が何に使うか話したという。その話はほんとうかと訊かれ、否定する理由もないので、そうだと僕は言った。彼女はその話を配信し、そこから収拾がつかなくなっていった。僕たちの協議がイラクでの生活の現実とほとんど何も関係がなかったように、音楽をもちよる提案は、その小部屋で起こっていたこととさらに関係が薄かった。

ＢＢＣがこの話を聞きつけ、自作の歌が使われたことについてポール・ウェラーにインタビューした。彼は寛容にも「光栄だ」と言い、愛の歌なので敵意を静めるのに使われるのはふさわしいかもしれないと言った。ＢＢＣは音楽関係の教授にまでインタビューに行った。教授は言語以外の交渉テクニックが使われたことに興味を示した。イギリスのメディアがこの話を伝えはじめ、アメリカのメディアのいくつかでも伝えられた。それからイラク大使がインタビューされ、僕たちがイラク国民の運命を軽々しく扱っていると怒りを表明した。おそらくこれに影響されて、チュニジア大使が安保理の公式協議に訴えた（部屋にいたチュニジア代表団のメンバーによれば、大使は歌を楽しみ、自分がどの歌をもっていくか考えるのに余念がなかったそうだ)。

僕たちは歌をやめなければならなくなった。でも、歌をやめても、この話は広がりつづけた。ヨーロッパ、アジア、そして特に中東と、記事が世界を回った。制裁反対派は、イギリス大衆紙に、僕のことを「イギリス外交の恥」と書いた。

はじめて、書く側ではなく書かれる側になった。気持ちのいいものではなかった。外交官、特に居心地のいい匿名で話すことができるイギリス外交官は(「イギリス外交官は言った」「西欧官僚によれば」)プライバシーに慣れている。寛容でない世間の注目にさらされることは、ごくたまにしかなかった。

最初、僕は注目されたことを楽しみ、気のきいたことをしたような気がして、むしろ満足していた(ドイツの外交官が国連の廊下で僕に近づいてきて、「こんな愉快な話を聞いたのは初めてだよ」と言った)。だが、コメントが批判の度を強めていくにつれて、僕はもちろん読む気をなくし、自分たちの行動がどう見られるかに気づきはじめた。

僕たちは内々にことを運ぶのに慣れていた。今回は動きが公になり、僕たちのしていることを知った世界は必ずしも快く思わないことがわかった。安保理での音楽はイラク制裁論議のロールシャッハテスト(性格検査)になった。アメリカのメディアやほとんどのイギリスのメディアで、少しコメントされた範囲では、これはたわいのないエピソードだった。◇07 アラブのメディアでは、僕たちの音楽は、またしても西欧の外交官の鈍感な非人間性を示す例になった。イラクの子どもの墓の上で踊っているというわけだ。

交渉は石油食糧交換プログラムの六カ月ごとの期限に近づいていた。音楽の効果もむなしく、ロシアの反対を乗り越えることはできなかった（フランスはもっと早く態度を変えて妥協した）。禁止品目リストの内容について疑問を解決する時間が足りず、以後何カ月もアメリカは、禁止品目の特定をめぐる非常に複雑な交渉から抜け出せなかった◇08。イラクの抵抗は頑強だった。僕たちの「賢い制裁」は六カ月後の次の更新を待たなければならなくなった。

最終的に合意に達したその交渉にあたったのは、同僚のGだった（僕は駐カブール大使館への短期派遣を願い出ていた）。音楽ぬきで、ただGの淡々としたプロ意識が交渉をリードした。そして、なんとか合意に達したのだった。しかし、そのころまでにアメリカ政府はまったく別の方向へ進む決断に踏み込んでおり、まちがった政策を正すことをめざした「賢い制裁」の必要性は、あまり感じられなくなっていた。

つくられた現実

イラク制裁は非人道的だ。僕はその維持と構想のどちらにも深く関わった。僕たちがつくった、まちがった政策の結果、多くの人々が苦しんだ。ある意味で、「実情」について僕たちが二つの相容れない「ストーリー」をつくりあげていくなかで、現実、少なくともイラク国民にとっての現実は見失われた。どうしてこんなことが起こったのだろう。

従来の分析にしたがえば、このエピソードは、安保理に席を並べた国々が互いに妥協できない国益の衝突を避けられなかった話、として描かれるだろう。

アメリカの国益は制裁の維持にあった（のちの英米両政府による主張に反して、政府内のアセスメントによれば、制裁はイラクの武装強化を防ぐのに非常に有効だった）。イギリスの国益は、制裁が国際社会で受け入れられやすくなるようにその効果を高め、やはり制裁を維持することにあった。

ロシアとフランスの言い分を聞けば、僕たちの新制裁提案でイラク国民にとって事態が悪化しないようにすることが、彼らの国益だったと言うだろう（僕たちがつくりあげた新制度によって、少なくとも当初の間は、対イラク輸出がさらに煩雑になるだろうということを示す根拠も実際いくつかあった）。ただ仏ロ両国には、重大な経済的国益がかかっていた。イラク政府は、制裁が解除されたときに大量の埋蔵量をもつ国内の油田を開発するため、ロシア、フランス、中国の多くの石油会社と契約を結んでいたのだ。

さらに批判的にみれば、僕たちはみんな、安全を最大化し、苦しみを最小化するという、国連憲章の下での責任を果たすことができなかった。イラク政府は、ロシアとフランスの強硬な反対をいいことに、国連安保理への協力を拒みつづけた。これはほとんどまちがいない。イラク外交官だってそう言うだろう。「制裁は破綻しつつあり、世界から孤立しているのはイラクではなく英米両国のほうだ」と彼らは勝ち誇って言っていたのだから。

他方で、これもほとんど疑いないが、僕たちには、イラク国民の生活に対する法的責任はなかったかもしれないが、道義的責任はあった。明らかに有害な制裁の影響を減らすために、もっと早く、もっと多くのことをするべきだった。責任をアメリカに押しつけるのは簡単だ。たしかにアメリカは、イギリスよりさらに制裁緩和に消極的だった。それでも、僕たちはずっと多くのことができたはずだし、他にも有効な方法はあった。でも、そうした方法は一度も真剣に検討されなかった。◇09

別の分析をすれば、不健全なグループダイナミックスが働いていたことがわかるだろう。青年から中年にかけての年齢層、たいていは男で、議論はするが人の話を聞かず、相手が正しいかもしれない可能性さえ考えようとしない。

この安保理の代表団のなかでは、ほんとうに恥ずべきことがあった。取るに足りない競争意識や反感が、重大な問題の議論に影響を与えた。恥ずかしいことに僕も、イギリスの決議草案が唯一の案として残り、宿敵フランスの草案が打ち負かされ、敗れた騎士のように廃案となったときなど、ささやかな勝利に酔った（ニューヨークのイギリス大使公邸の入り口にワーテルローの戦いの絵が飾られているのはゆえなきことではない）。フランス側が特に無礼なときは、僕たちは大使に言いつけ、大使はまるでパパのように、フランス大使に電話して苦言を呈したものだ。「いささか子どもっぽい」という程度の話ではなかった。

他にもある。読者にはもう自明のことかもしれないが、僕には職を離れてずっと後になるまではっきりわからなかったことだ。僕たちは、自分たちが実際の事実と現実の人々を扱っていると思いこんでいた。情報は正確なものだと信じていた。自分たちの情報は正しく、対立する側が偏っているのだ、と。そしてもちろん、相手は反対のことを思っていた。僕たちか彼らか、どちらかはまちがっていたことになる。

もし音楽を流す代わりに、サダム・シティの子ども病院や、バグダッドのスラムや学校へ行くことができていたら、もし六カ月を交渉にあてるのではなくイラクで過ごすことができていたら、事態は違っていたかもしれない。僕にはわからないし、これからもわかることはないだろうが、議論の応酬が止まり、何か具体的な方法を見つけようとした可能性もある。

同僚と僕は、イラクの状況の改善を試みる計画案をあれこれ考えるのに何時間も費やした（「キャッシュ・コンポーネント」のことはすぐに歴史から消えてしまうだろう。イラクは全品目を石油食糧交換プログラムを通して輸入しなければならないとする代わりに、各地域のプロジェクトに対して国連が出資する計画だ）。どの案も実を結ばなかった。僕たちが提案すると阻まれた。相手が同じようなアイデアを持ち出してきたときには、こちらが抵抗した。一度、国連が指名した「客観的な」専門家チームの派遣を提案したことがある（外交官ではなく、本物の専門家だ）。この提案になんとか安保理の合意をとりつけることはできたが、イラク政府が受け入れを拒否した。自分の目で見るために（もちろん自分の目は、信頼できる証人だ）、僕自身のイラク行きを申し出たことさえある。イラク政府は僕のビザ申請を却下した。現実との接触なしに、僕たちはむなしい抽象観念のなかで仕事をしていた。

言うまでもなく、すべての情報は、仲介者がだれであれ、それが報告する現実には及ばない。統計がどれほどあっても、一人の子どもの命が失われた底なしの苦しみを伝えることはできない。どのような言葉も、特に公式報告の無味乾燥な言葉は、苦しみとは何かをとらえることはできない。ニューヨークからは、バグダッドははるか彼方にある。情報がその距離を伝わってくる途中で、何かが失われる。

イーストリバー沿いの息の詰まる部屋に座って、イラクの人々がほんとうに必要としているものは何かを考えるには、想像力を飛躍させなければならない。何ドルとか何トンではなく、人間的な、感情の通った言葉で考えること。ときどきは僕もやってみた。でも、心が落ち着かず、嫌になった。たとえば、仕事を辞めてずっと後になるまで、ジョン・ピルジャー［国際ジャーナリスト、映画製作者］のドキュメンタリーを見ることができなかった。ピルジャーが吹っかけてくる議論など無視して、自分たちのつくった現実に沿って仕事をつづけるほうが楽だった。

単純化

僕にとってはっきりしていることが一つある。僕たちは、政策に合うように「事実」を選んだのであって、その逆ではなかった。もし実際の経験にもとづいた、まぎれもない真実に向き合っていれば、そうすることはこんなに簡単ではなかっただろう。自分たちに都合のいい「実情」をせっせとつくりだしていたのは、ニューヨークの下っ端外交官だけではなく、イギリス政府全体だった。ニューヨークでの僕たちの論戦を、ロンドンは後押しした。僕たちは同じ国連報告を読んで、イラク政府のいっそうひどい不正行為の例を見つけ出し、「全責任はイラク政府にある」と主張しやすくした。

実際、そうした証拠には事欠かなかった。憂鬱な記憶だが、よく覚えていることがある。細かい字で書かれた、お粗末な国連報告を飛ばし読みして、「使える文章」を探したことだ（「石油食糧交換プログラムの……の側面を実施するには、イラク政府からの十分な協力が得られていない」など)。そうした文章を、ロンドンへの電信のなかで強調し、安保理協議で手榴弾のように相手に投げつける。それは太字で書かれているかのように目に飛び込んできた。微妙で判断しがたい情報は、ほとんどかき消えていった。文章は、小さな擬似事実として独り歩きを始め、まず電信に再録され、それからイギリス外務省の職員が、閣僚の記者会見用に使う。外相がこれを覚えていれば、他のインタビューの機会に使うこともある。そうして連綿とつづいていった。

これは対イラク制裁の議論にかぎった問題ではない。外交政策すべてに共通し、今日のインターネットの世界の「情報」爆発にもかかわらず、問題は悪化しているように思える。情報量が増えるにつれて、何が起きているかを「説明する」ために、単純化した「ストーリー」が求められるようになっているのだ。

どのような情報も、どれほど包括的であろうとしても、現実の取捨選択と単純化を避けることはできない。だれも、神の眼で見ることはない。手に入る膨大な情報のなかで、政策決定にどれを使うべきか、どうしても、何らかの選択がなされることになる。外交界には、自分たちの世界観を裏付けてくれる情報を見つけ出して伝えるという、あまりに人間的な傾向がある。そして現実から遠ざかれば遠ざかるほど、この傾向はひどくなる。調停していたイラクの現実から、僕たちは一万キロ近くも離れていた。ときには、月の表面について話しているも同然だった。

われわれ政策担当者は情報ピラミッドの頂点に位置している、という信仰が、政府にはある。何でも知っていると思い込むほど浅はかではないが、現実についての情報がピラミッドの底辺から上がってくるとき、不必要な要素が取り除かれて、絶対に必要な「事実」だけが頂点にいる者に届き、その「事実」にもとづいて決定が下される、という揺るぎない信念をもっている。イギリスの官僚文化は、膨大な量の情報を、絶対に必要な重要部分だけに絞りこむ（公務員試験は主にこの能力を試す）。ドイツとアメリカ（僕の知っている範囲）を見るかぎり、他国の外交でもこの能力は評価されているらしい。

理由はすぐわかる。世界は複雑な場所だ。何についても、情報が多すぎる。政策を決定する人間が、手に入る情報すべてを吸収するのは無理だ。だから、ピラミッドの下のほうの人間が行う選別作業に頼るのだ。でも、政策を決定する人間に示される情報が、絶対に必要なものとは異なっている場合がある。実は、取り除かれてしまったものこそ、絶対に必要なものかもしれない。

対イラク制裁をめぐって、政策決定に絶対に必要だったものは何か。少なくともその一つは、イラク国民の状況のはずだ。イラク国民の現実。この現実は、僕たちの協議ではほとんど何の役割も果たさなかった。にもかかわらず、それについて話し、配慮していると言いさえした（閣僚が一〇〇〇回も口にしたにちがいない一文は、「イラク国民と事を構えようというのではない」だった）。事実について、あるいは少なくとも事実を報告したものについて協議していると僕たちは思っていたが、報告はまちがっていた。

まちがっていながら、僕たちは自信満々だった。まちがいを指摘してくれた人は大勢いたが、相手にしなかった。国連スタッフ、NGO関係者、イラクの一般市民（反フセイン派も含めて）から、制裁が深刻な悲劇を引き起こしていると聞かされた。しかし外交官としての役割を与えられた僕たちには、そうした話を退ける自信、一部の人から見れば傲慢さがあった。「彼らは政治的に色づけされた要注意人物だ」「感情や政治的思惑に動かされている」「だが自分たちの動機は、外交という、より高い地平にある」と考えた。この動機は、純粋ではなかったとしても、外交の論法においては正しいものだった。「われわれ」の安全、中東地域の安全、ひいては世界の安全を考えているのだ。

このように簡単に無頓着になれたのは、物理的条件のおかげでもあった。ロビイストや活動家が、僕たちの名前を知るのはとてもむずかしかったし、なんとか特定できたとしても、面会はさらにむずかしかった。僕たちは拒絶すればいいだけだ。地上数階から数十階のオフィスにいて、はるか下の道路でデモをしている人たちには叫ばせておけばよかった。協議は国連本部の奥深くの小部屋で行われ、出席を許可された代表団以外はだれも入ることができなかった。メディアも外部者も近づけない。同時多発テロ以来、この外交の牙城を守る壁とセキュリティチェックは厳しくなる一方だった。

反対運動側がなんとか面会にこぎつけたとしても、僕たちは、相手の主張を簡単に退けることができた。まちがっていたとはいえ、僕たちは制裁論議の事実と事情に精通していた。報告書、主張、反証をいくらでももっていた僕たちにとって、熱心な活動家を論破するのはわけもなかった。でも、彼らのもっている別の見方のほうが、「現実」と密接に結びついていたかもしれなかった。

教訓は明らかだ。世界と同様、政策も複雑なものだ。どのような場合でも、人々の苦しみに対して、真っ先にしかるべき注意が払われなくてはならない。秘密主義や密室主義が政策決定にプラスになることは決してない。カール・ポパーは何十年も前にそう言ったが、その教訓を僕たちはいまだに学んでいない。情報は、たえず再検討され、現実に照らして検証されなければ、信頼できない。他の人々、特に政策の影響をもっとも強く受ける人々に政策決定への参加を認めるか、少なくとも、その声に耳を傾けなければならない。

第4章

理想にみちた誤解

英米両国のイラク侵攻からすでに数年、世界はこの戦争をめぐって両極化したままだ。戦争支持派は戦争が必要だったと考え、一方で多くの反対派は、戦争のために嘘の証拠が意図的に捏造《ねつぞう》されたと思っている。◇01

嘘を正当化する知的基盤と考えられるものを見つけて、捏造論は勢いを増した。シカゴ大学教授で哲学者の故レオ・シュトラウスが唱えた「高貴な嘘《ノーブル・ライ》」という概念だ。シュトラウスはネオコンにもっとも強い知的影響を与えた人物の一人。彼によれば、自由主義社会のエリートは、社会を団結させるために「神話」をつくらなければならないことがあるという。そうしなければ、自己中心性と個人主義によって社会が崩壊しかねないからだ。

こうしてつくられる神話が「敵」や「脅威」だ。何が敵であり脅威なのかをはっきりさせ、それと闘うことは、社会の結びつきを強め、団結させる効果がある。かつては、ソ連と共産主義が敵だった。今度はアルカイダとフセインの大量破壊兵器、というわけだ。

対イラク制裁の影響をめぐっては、安保理で二つの「陣営」が、それぞれ都合のいい事実を選んでつくった、互いに相容れないストーリーを主張していた。イラクとその大量破壊兵器について起きていたのも、これと似たようなことだった。意図的なごまかしをめぐる「高貴な嘘」理論を支持するものでもなく、その理論の誤りを証明するものでもない。むしろ、これはもっと複雑でデリケートで、ある意味では、もっと厄介な話なのだ。

証拠の見方

大量破壊兵器の場合、話の「証拠」とされたのは、国連やNGOなどによる、制裁や制裁破りについての報告ではない。ここで使われたのは、どうしても信頼性を欠くことになる情報源――機密情報だ（もちろん、国連やNGOなどの報告書にも偏りは生じうるが）。特に一九九八年末に査察団が引き上げた後、イラクについて手に入る情報はきわめて限られたものになった。フセインが何を所有し何をしているかは建物の中や地下に隠され、それを監視できる航空機用・衛星用の撮影機材は開発されていなかった。

このため英米両国は、事実の伝達手段としてもっとも信頼の薄いものに頼らなければならなくなった。人間だ（「ヒューミント」と呼ばれている）。その他には、イラクの大量破壊兵器関連施設を訪れ、イラクの官僚や科学者と話したことのある多くの査察官の専門知識があった。

さまざまな困難にもかかわらず、九〇年代末から二〇〇二年にかけて見えてきたものには、かなりの一貫性があった。

それは、イラクが大幅な再軍備はしていないということであり、過去に所有していた兵器の廃棄についてまだ疑問が残るものの、封じ込め政策はおおむね機能しているということだった。

もちろん未解明の問題はあった。大量破壊兵器生産に使われる恐れのある軍事・民生両用の物資を、イラクが輸入しようとしたとする報告は未確認だった。また、行方が突き止められていない十数発のスカッドミサイルがまだ存在して、ふたたび組み立てられている可能性もあった（イラク戦争後、一発も見つからなかった）。しかし、大幅な再軍備や、近隣諸国、ましてやイギリスへの攻撃の意図を示すものは、何もなかった。バトラー委員会[◇02]も似たような報告を出している。

ところが二〇〇二年九月、英米両国政府は、イラクの再軍備と核・生物・化学兵器開発の意図を示す「明らかで権威ある機密情報」だとした証拠を引用して、「イラクは重大な脅威である」と発表した。米政府はさらに、フセインとアルカイダや同時多発テロの間に何らかの関わりがあったことを示唆した。ブッシュは、アルカイダについて述べた前後にフセインの名前を出すようになった。関わりが証明されたとは言わなかったが、何らかの関連があるかのような言い方をした。そうした言い方をブッシュ政権のメンバーは今もくり返しているが、「九・一一委員会」の報告によって、完全に誤りが証明されている。戦争の時点ですでに、イギリス情報局秘密情報部（ＳＩＳ）は、それに何の根拠もないことを公にしていた。

『科学革命の構造』のなかでトーマス・クーン〔一九二二〜九六、アメリカの科学史家〕は、異なったパラダイムをもつ科学者が見れば、同じデータのなかに異なったパターンが見出される、ということを示す研究を数多く引用している。彼が「ゲシュタルトのスイッチ（切り替え）」と呼ぶものだ。たとえば等高線を見たとき、学生は紙に書かれた線としか見ないが、地図学者は地形図として見る。学生は訓練を受けて初めて、前と変わらないデータを見たときに、地図学者と同じものが見えるようになる。

バトラー委員会に対するイギリス首相の発言でも、またアメリカの前国防長官ドナルド・ラムズフェルドの発言でも、二人とも（ずっと後になってから）認めていることがある。戦争の前にイラクの兵器をめぐる新しい証拠が出たわけではなく、ただ同時多発テロ以降、光の当て方が変わった――つまり証拠の見方が変わったということだ。首相はバトラー委員会に対して、こう言っている。「同時多発テロ以後、イラクの大量破壊兵器に関する証拠はまったく新しい側面をもつようになった。私は、物の見方を変えなければならないと考えた。……行動を開始し、この脅威のさまざまな側面を追究しなければならない。……この脅威に対処しなければならない。なぜなら、そうしなければ脅威は増大するからだ。……」

これはもっともらしく聞こえるし、納得もいく。同時多発テロほど重大で恐ろしいできごとが起これば、大量破壊兵器の危険性と国際法への非協力について、僕たちの見方が変わるのは当然だ。同時多発テロは、是非はともかく、僕たちのリーダーの世界観にパラダイム・シフトをもたらした。でも、変わったのは見方だけではなかった。自分たちの見方をどう公表するか、それを正当化するのにどの証拠を持ち出すかも変わったようだ。

見えない力

他の要因も働いていたことはまちがいない。政府内では、機密情報は情報をめぐるヒエラルキーの頂点に位置するものとして扱われる。毎日政府のコンピュータに届く膨大な外交関係の電信や業務連絡、オープンソースの情報と違って、機密情報は薄いフォルダに入って届く。フォルダには、なかに入っているのが機密情報であることを示し、閲覧の制限を指示する色とりどりのステッカーが貼ってある。こうした体裁によって「これこそが実態に迫る、ほんの一握りのエリート以外には手の届かない、隠された核心なのだ」というような印象が生まれる。

歴史には、この現象を示す興味深い例がある。ジノヴィエフ書簡だ。一九二四年、イギリス外務省に一通の手紙のコピーが送られてきた。ソビエトのコミンテルン執行委員会議長グリゴリー・ジノヴィエフからイギリス共産党中央委員会にあてられた手紙。それは、階級闘争の準備のために、イギリスのプロレタリアを扇動するものだった。その後、手紙はメディアでも報じられ、重大な政治的・外交的波紋を引き起こした。与党労働党とラムゼイ・マクドナルド首相にとっては大打撃だった。四日後の総選挙で野党保守党が勝利を収めた。英ソ関係は険悪化し、条約も破棄された。

一九九九年、当時のロビン・クック外相が公式資料の調査を指示したときになって初めて、このジノヴィエフ書簡が偽物だったことが確かめられた。資料によれば、外務省が偽物を本物と思いこんだ理由は、手紙が情報局秘密情報部（ＳＩＳ）から回って来たものだったからだという（これは外務省自身の資料調査による報告だ）。

イラクでのもう一つの要因は、情報源となった人物の多くにとって、報告内容を誇張することに、明らかに利害が絡んでいたことだ。特に、憎んでいる政権の転覆を促したいという動機があった。「イラク国民会議」という戦争前の反政府勢力は、いまではよく知られるようになったが、「ヒューミント」の提供に重要な役割を果たした。もっとも、興味深いことに、バトラー報告はこの要因を無視し、その代わりにＳＩＳが情報源を適切に検証できなかったことや情報の伝達経路の長さ、情報源が報告内容について専門性を欠いていたことなどを指摘している。

その一方、ロンドンやワシントンでは、情報を照合したり分析したりする官僚に対して、見えない圧力がかけられていた。もしも閣僚が、無数の情報からある特定のストーリーが浮かび上がることを望むなら、それを浮かび上がらせる方法はある。事実を政策に合わせるのだ。この「流れ」に抵抗するには、怖いもの知らずとは言わないまでも、勇気ある官僚でなくてはならない。

といっても、英政府内（あるいはワシントン）に秘密の小部屋があって、そこでイラクの大量破壊兵器に関する証拠がでっちあげられたということではない。もっと複雑なことだ。手に入る情報の集合のなかから証拠が選び出され、矛盾は切り捨てられ、選ばれたデータがくり返され、言いかえられ、磨きあげられる（そして都合に応じて生み出された、とも言える）。やがて、証拠はすっきりして、つじつまが合い、説得力をもつようになり、提示している当人たちまで、すっかり信じ込むようになる。

イラクの大量破壊兵器について政府が受け取った情報と、その後に出された分析には、非常な偏りが見られるが、それにはこうした要因がすべて関わっている。どの要因についても、情報の慎重な扱いが求められるはずだった。この種の情報にもとづく評価には、何重にも注意書きがつけられるべきだった。しかしバトラー報告が述べるように、悪名高い「イギリス政府発表イラク文書」など、一般に公開した書類において、政府はこうした注意書きをそのまま伝える代わりに、削除してしまった。一般に伝えられたのは、実は、情報ヒエラルキーの頂点ではなく、いろいろな性質の情報から取捨選択されたものだったのだ。

情報にはしっかりと裏付けのあるものから、憶測に近いものまで含まれていた。選択はまちがった方から行われた。かつて僕が制裁を正当化するために、反証をすべて無視して一方的な主張を展開したのとちょうど同じように、このときの政府も、本質的に信頼のおけない情報を集めて、きわめて一方的な報告を作成した。

もちろん、どの民主国家の政府も、政策の一方的な評価を打ち出すものだ。経済統計ではいつも、肯定的な数字が前面に押しだされ、否定的数字は注へ追いやられるか無視される。官僚はこうやって情報をゆがめるのが得意だ。でも、限度というものがある。軍事行動を正当化しようとするときには、政府は、真実を部分的に報告するのではなく、すべてを公にするべきだ。

放置された選択肢

別のこともあった。主戦論がワシントンで高まるにつれて、英米両政府は、全面的侵略以外の選択肢、あるいは封じ込め政策を、頑強に否定するようになった。

「制裁はスイスのチーズのように穴だらけだ」とブッシュは言った。ブレア首相は奇妙なことに「制裁が引き起こした苦しみより軍事行動のほうがマシだ」と主張したこともある。制裁は破綻しつつある、と言われた（いまでもまだ言われている）。両政府は、すべての選択肢はなくなったという印象を生み出した。戦争だけが唯一可能なオプションなのだ、と。

実はそうではなかった。実行可能な選択肢が一つあった。フセインの非合法の金融資産を凍結し、石油の密輸を防ぐ有効な行動をとれば、フセインが権力を維持してきた財源を絶つことができたはずだ。これなら、長く苦しんできたイラク国民ではなく政権に対する制裁になる。しかし戦争前の何年もの間、この選択肢の追求には、必要なエネルギーも努力も一度も傾けられなかった。なぜだったのか。

こうした政策を実行するには、イラクの全近隣諸国の協力を得て、中東全域で一致団結して圧力をかけることが必要だった。でも、国によって理由はさまざまだが、この選択肢が積極的に追求されたことはなかった。上級外交官や閣僚は、二国間の密輸について事実上、黙認する姿勢をとっていた。しだいに、近隣諸国のなかに非合法の石油輸入を「認められている」国があるという暗黙の了解が生まれ、制裁破りの対策に水を差した。

その間、安保理では、密輸防止のための共同歩調を求める僕たちの提案は、すべてフランスとロシアによって阻止された。「密輸の証拠が不十分」とか「こうした行動はイラク国民にさらに害を与える」というのが理由だった。制裁監視ユニットに関する条項や、その他の行動勧告を、安保理決議草案に何度盛り込もうとしたかわからない。でも、フランスやロシアの外交官に交渉ではねつけられるだけだった（拒否権をもつ常任理事国である両国の同意は、句読点一つにも絶対必要だった）。

英米両政府は、制裁が失敗した責任をこのことに転嫁したがるようになり（「困ったときはフランスを非難せよ」）、なかには、国連自体が汚職を共謀してフセインを利していると言いだす人もいた◇03（ほとんど証拠のない主張だ）。

でも、ほんとうのところ、僕たちのほうも、密輸の監視を実行するためにほんのわずかのエネルギーしか注いでいなかった。ワシントンもロンドンも、イラクの近隣諸国に圧力をかけて非合法の物資の流れを止めさせようとはしなかった。

効果的に密輸を防ぐには、銀行の非合法口座から二国間の石油密輸まで、さまざまな領域の問題に取り組む、包括的で長期的な戦略が必要だったにちがいない。こうした戦略は一度も実施されなかった。その代わり、ばらばらと効率の悪い取り組みがされただけだ。

その理由は、普遍的な人間の真実にあるのではないかと僕は思う。つまり、後回しにできることはいつでも、遅きに失するまで後回しにされる。政策は、むずかしく複雑で、スマートとはいえず、精通して議論するには徹底した研究が必要だったが、多忙な閣僚や上級官僚にそんな余裕はなかった。彼らの最優先事項になったことは一度もなく、それで放っておかれたのだ。

結局、他の選択肢の複雑さや不確実性と比べて、戦争はシンプルでわかりやすいと思われたのかもしれない。

きちんと立ち止まって考えることもなく、政府が情勢に押し流されるという異例の展開のなかで、戦争は唯一の実行可能な道と見られるようになった。イギリスでこう考える風潮が強まったのは、戦争を遂行しようとしたアメリカ政府の断固とした姿勢があったからだ。このアメリカの姿勢は、いまでは十分に時系列に沿って検証されている（特に、ボブ・ウッドワードの『攻撃計画』〔*Plan of Attack*〕に詳しい）。

戦争というシンプルな選択と違って、イラクの近隣諸国をはじめ各国をまとめあげてもう一つの道に向かうには、かなりの政治的・外交的努力が必要だったにちがいない。戦争に勝つか負けるかというような、白黒はっきりつくものでもなかっただろう。けれども戦争ほど多くのものを注ぎ込まずにすんだはずだ。フセイン政権の資金源を断つことで政権を追放するという、現実的な解決策もあった。そのアプローチなら、イラクや英米などの国の人命を犠牲にすることはなかったはずなのに。

最大の誤解

では、イラクが脅威ではなく、テロリストと共謀もしていなかったのなら、ブッシュ、ブレア両政権は、なぜ戦争に突入したのだろう。

もっともらしい説明はいくつかある。同時多発テロ以後、ブッシュ政権は力を誇示する必要があった。どこでもいいし、どんな方法でもよかった。力で世界を民主化するという「文明化の使命」。この衝動は、イラク反政府勢力の精力的で強力なロビー活動によって強まった。制裁に関する記録からすると、イラク国民の福祉が第一の関心だったというのは信憑性が乏しい。

もう一つありうる話として、石油とその支配をめぐる、もっと卑劣な動機にもとづく説明もされている。戦争に先立つ数年、政策協議が行われていた期間中、イラクの膨大な石油埋蔵量（世界第二位）が目の前にぶら下がっていた。莫大な利益が見込まれる制裁後の開発契約を、フセインがすべて、フランス、中国、ロシアなどの英米以外の企業に割り当てたことはよく知られている（企業側はおおいに困惑していたと言うだろう)。金もうけとエネルギー安全保障という強い潜在的要因が侵略の決定に何の影響も及ぼさなかったとは考えにくい。ただ、石油メジャーに絡む何らかの陰謀の証拠が出てくることはないだろう。

結局、僕たちにはわからない。何も言われなかったからだ。僕たちに与えられたのは、「高貴な嘘」ではなく、高貴とは言いがたい「半真実《ハーフ・トゥルース》」だった。主な関係者によって答えがすっかり明らかになるのは、何年も先のことになるだろう。いまのところ、僕たちに確実にわかるのは、英米両国政府がこれまで持ち出していた経験的理由は、端的に言って、筋が通らないということだ。だからおそらく、核心にあるのは非経験的理由なのだろう。戦争をしたのは、それが正しいと彼らが思っていたからだ。

「フセインは悪者で、いまはそうでなくても、将来危険になる恐れがある」

これは、もしほんとうなら、筋の通った、少なくとも議論の余地がある理由だ。でも残念ながら、これは両国政府が国連や自国民に示した戦争遂行の理由ではなかった(ブッシュもブレアも、後日ますます頻繁にこのことに言及するようになったけれど)。また、国際法のどのような根本原理に照らしても正当化できるものではない(少なくともいまのところは)。

ここで先述のレオ・シュトラウスにふたたび登場してもらおう。ただし「高貴な嘘」ではなく、「自然法《ナチュラル・ロー》」に対する彼の信念に。

自然法とは、ときには宗教的ともいえる(シュトラウスは、僕の読んだかぎりでは無神論者だったが）根本的な善悪の感覚で、他のすべての法律（国際法も含むと考えられる）よりも上位にあるものとされる。英米両国のリーダーは、このような原則を信じていると過去に発言したことがある。ある意味で、僕たちのほとんどもそうかもしれない。英米両政府が国民を誤った方向へ導いた証拠がすぐに明らかになったにもかかわらず、ブッシュもブレアもさほどの政治的代償を払わずに済んだ。この興味深い現象の背景には、特にアメリカで、有権者にこうした原則論を受け入れる土壌があることが関係しているのだろう。

高貴な嘘だったかどうかはともかく、大統領が嘘をついたとされ、その結果起こった戦争が明らかに見通しの暗い経過をたどったにもかかわらず、二〇〇四年の大統領選挙で、アメリカ国民は自分たちの選んだ大統領に反対しなかった。経験的証拠は十分でなくても、「自然法」を持ち出したブッシュの主張、つまりイラクの独裁者を追放するのは正しいということで十分だった。ブレアも二〇〇五年にイギリスで何の問題もなく再選された。

政治学者たちは、この話については議論の材料に事欠かないだろう。逆説や矛盾の多い話で、合理的な推論や法則を引き出すことはむずかしい。政府は嘘をでっち上げたわけではなかった。だが、ほんとうのことを言いもしなかった——自分では言っているつもりだったときでも。そのうえ、この「半真実」は、イラクでのほんとうの真実とは何の関係もなかった（テロリストも大量破壊兵器もなかった）。そして一般の人々は、すべてが自国の安全保障と自分たちの安全という名目で遂行されたできごとの当事者であるにもかかわらず、真偽をあまり気にしているようには見えない。

この状況のなかでは、シュトラウスもプラトンも（「高貴な嘘」はプラトンが生み出した概念だ）他のだれも、あまり助けにはならない。秩序も一貫性も失われ、どんな論理的な分析でもとらえられない気がする。重要な関係者は、自分たちが権限をもって合理的な決定を下していると主張するが、実は彼らの理解を超える力に押し流されている。民主主義と倫理は影をひそめ、代わりに混沌が支配することになる。

そして、もっとも大きな誤解が一つある。嘘とは言えない。ほとんど無意識だからだ。この誤解は、フィクションと言ってもいいが、政府も、統治される側も、一致協力して信じている。――そう考えなければ居心地が悪すぎるからだ。

それは、政府、政治家、官僚が、偏見なしで世界を見、そのさまざまなシグナルを私欲ぬきで解釈し、客観的な、ほとんど科学的な厳密さをもって「事実」と「判断」を分けることができるという、理想にみちた誤解だ（外務省の電信もこれを分けて書くことになっている）。

しかし、英米両国政府がイラクについて何を見、何を信じ、そして国民に何を言ったか。この話からは、現実がそうした理想からほど遠いということが浮かび上がるのだ。

第5章 対立の構図

民族とは一体なんだろう。ダッタン人に匈奴にシナ人たち。彼らは昆虫のように群がる。歴史家たちは彼らを記憶に残るものとするよう努力するがむだである。これほど多くの人間がうようよしているのは、一人として人物がいないためである。

——H・D・ソロー『無原則な生活』〔『アメリカ古典文庫4』（木村晴子訳、研究社、一九七七年）所収〕

外交はよく、チェスのようなゲームにたとえられる。外交に関する本の表紙やウェブサイトをチェスの駒が飾っていることも多い。ゲームとして描かれる外交。そこでの目的は勝つことだ。駒の

動き、チームの目的と能力は有限で、ややこしいけれど理解可能だ。◇01

チェスは白と黒とが戦うゲームだ。外交ゲームでも同じ。外交が論法として機能し、合理的だと思われ、現在の形でこれからもずっとつづくには、ゲームの参加者が二つのチームにはっきり分かれる必要がある。「われわれ」と「彼ら」だ。

「われわれ」のイメージ

外交官が国連安保理の外でマイクを向けられたり、CNNにインタビューされたりすれば、必ず「われわれ」のことを話すだろう。ライス国務長官も国務省スポークスマンもそうするし、個々の外交官もそうする。

「われわれはイランの武装解除を求める。これまでのところ、イランの保証は満足のいくものではない」

「われわれは、先日行われたウクライナの選挙を歓迎する」

「中国・台湾に関して、われわれは〝一つの中国〟政策を継続する」

僕はジャーナリストと話すとき、このような調子で話した。交渉相手の他国の外交官とも。「われわれは決議の第一二段落に関する提案には同意できない。代わりに以下の文言を提案する……」。内部のミーティングでさえ、こんな調子で話した。「今朝の安保理協議でのわれわれの目的は以下の通りです……」。政策を議論する省内の電信は、「X国またはY国に関して、われわれはいかにすべきか」がテーマだった。

この話し方は、世界のあり方を反映したものだ。国際関係は、互いに作用しあう国家間の関係として見られ、実際そのように扱われることが多い。外交官は、こうした国際関係で、形式上、国の代表者であり、国家の名で話すことを許されている。中国の外交官は、あの国の広大さと多様さにもかかわらず、まるで一つの実体であるかのように、中国が何を求めるか話すだろう。この話し方は、良し悪しはともかく、国家がいまも国際問題の構成要素でありつづけているという現実を表したものだ。

現実を表わしているのだから、これが正しいのかどうかを問題にするのは、ナイーブで非現実的にさえ思えるかもしれない。でも、いったいどうやって、ある一グループの人間が、国家の求めることを決める（ときには勝手に生み出す）権利を与えられるのか。そのプロセスを深く掘り下げていくと、懸念すべきことが見えてくる。

外交官が「自国の求めるもの」をはっきり述べるには、それを項目としてリストアップできる形で詰めていかなければならない。このプロセスには単純化がつきものだ。また、次章で見るように、このプロセスは、根拠も正当性もなく、外交が何に「関わる」かをめぐる、いくつかの疑わしい前提の上に立っている。外交政策担当者が政治的・倫理的アイデンティティを形成することは、どうしても虚構になり、正当性を欠く恐れがあり、すでに述べたように、説明責任の欠如にもつながる。

外交で国家の求めるものを調停するのが「われわれ」だとしたら（そしてこうして世界が動かされているとしたら）、「われわれ」のアイデンティティはどうやって発達し、維持され、どのような価値観を表すのだろうか。一言でいえば、「われわれ」はだれなのか。

外交の世界に入るまで僕は、「自分はイギリス人である」とはどういうことか、ほとんど考えもしなかった。「自分は自分だ」というだけだった。それが外務省に入ると、自分を国家と同一視するようになる。そのプロセスは、見えないところで働き、説明もされない。話すときも書くときも、そしていつのまにか考えるときも、僕は「われわれ」になっていた。単数形が複数形になったのだ。この変化はどうやって起こったか。

一九八九年に外務省に入ったとき、新入職員は全員、「入門研修」を受けることが課せられていた。やる気満々の二〇代の僕たち十数人は、議会に近いミルバンクにある、そんなことでもなければ知ることのない建物に送られた。研修の行われる広い灰色の部屋に座ると、すぐに教官が話を始めた。教官は「われわれ」について話した。

「外務省のわれわれのやり方をお話ししましょう」と彼は言った。それから僕たちは、閣僚に対する正しい話し方、議事録（メモではなく議事録）や電信をはじめ提出物を作成する正しい方法を学んだ。閣僚も含めて次官級以上にあてた議事録（メモではない）は「青」の紙、または単に「青」に書くこと。この単純な手続きで唯一ややこしいところは、「青」と呼ばれる紙が、実際は緑色だったことだ。きれいな綾織りで、質感のある上質紙だった。とても高価に見え、どう見ても緑だった。なぜ青が緑なのかは教えてもらわなかった。僕たち新入りの職員は、この古めかしい伝統に魅せられた。

だが、教わらなかったのはそれだけではない。「われわれ」がだれなのかも教えてもらわなかった。ただ外務省にいる「われわれ」がイギリスだということになっていた。僕たちがこのとき教えられたこと、そしてその後の外務省でのキャリアを通じて行ったことのすみずみにまで、この前提が行きわたっていた。それは入省した瞬間から始まって、すぐに、話したり書いたりするときの習慣になり、思考の習慣にもなった。僕が「われわれ」になったのだ。外務省を辞めた後でも、「僕たちはジンバブエ政府がこうすることが必要だと考える」などとつい言ってしまう。「われわれ」は、それほど深く根を張っている。

研修では、駐プレトリアのイギリス代表部から来た、ばりばりの若手外交官が講義をした。テーマは、「われわれ」がいかに南アフリカのアパルトヘイトに対する制裁を不適切と考えるかだ（サッチャーの「建設的関与」政策の時代だった）。一通の外交通信が、こうした書類の書き方を示す例として見せられた。そのなかには、「われわれ」が南アフリカをいかに誤ってとらえており、新しいアプローチを必要としているか、大使の見解が書かれていた。手を替え品を替え、僕たちは「われわれ」の世界観を教えられた。一度も教わらなかったのは、「われわれ」がどうやって世界をそのように見るようになったのかだ。「われわれ」が世界をそのように見るということや、「われわれ」

がイギリスの求めるものを決定するということは、当然のこととされていた。

研修の一部はゲームだった。ボレメヤという架空の国で起きた危機と、「われわれ」が何をすべきかに関する、外務省がつくった政策ケーススタディだ。なかなかよくできており、楽しかった。ほぼ一日がかりで、対策会議と、閣僚への報告提出（「青の紙に書くこと！」）、教官の一人が演じたボレメヤ外相との一筋縄ではいかない会合を行った。ゲームの間ずっと、新入職員たちは、この状況で「われわれ」が何を必要としているかを考えるように言われた。要所要所で、「われわれ」の求めるものを表す別の言葉も使われた。

「この状況におけるわれわれの〝国益〟は何でしょうか？」

他国の外務省は、新米の外交官を世界に出て行かせる前に、もう少し徹底した研修を行っている。ドイツ外務省はもっとも集中的な研修をするほうで、新入職員は外務省研修所で大変な二年間を過ごすことが課せられている。彼らはそこで、歴史、外交実務、外交儀礼のルール、そして特に法律をみっちり教えられる。そういう人も多いが、すでに弁護士資格をもって外務省に入った場合は、研修の二年目が免除される。言いかえれば、ドイツの外交官は全員、少なくとも丸一年、フルタイムで国際法の研修を受けるわけだ。僕たちにはまったくなかった。もし国際法を学びたければ、希望者は（まったくの自由参加）ケンブリッジ大学で二週間のコースに出席することができた。

法律に関する教育が薄っぺらだったにもかかわらず、イギリスは「法の支配」「法の世界」を支持すると、くり返し言われつづけた。これは、イギリス外交が代表する中心的価値の一つなのだという。だが、それについて学ぶことは一度もなかった。それは当然のこと、僕たち自身も以後広めるべきこととして示された。僕たちは「法の支配」について教えてもらわなかったが、イギリス外交官たるものはそれを支持するのだ、と教わったのだ。

経済についても似たようなものだった。研修中のドイツ外交官は、何カ月もかけて経済を勉強した。イギリス外務省では、経済を学んだことがない人間に勉強を勧めもしない。やる気があれば、やはり二週間のコースに出席できた。それで「学位レベル」に到達できるのだという話だった。そしてここでも、「イギリス」つまり「われわれ」は市場経済と貿易の推進を中心的価値として信じている、という信念がくり返し示された。

法定調査

「われわれ」として考える思考習慣に加えて、新外交官が自分を国家と同一視することにつながる別の道がある。イギリス外務省の場合、新入職員はみんな、入省前から始まる「法定調査」と言われるプロセスを経なければならない。アメリカや他の主要国の外務省にも似たようなプロセスがある。

入省試験と面接を何回も受けた後、外務省保安部が一人の調査官を任命し（僕の場合は元警察官だった）、僕の経歴を調べ、知人や友人に話を聞いて、僕が政府の安全を脅かすリスクがないことを確かめる。この保証がなければ、入省は認められないのだ。外務省が関わる多くのことは「トップシークレット」で、それが危うくされれば、少なくとも理論上は、国家の安全保障が重大な危険にさらされるからだ。

調査の経験者の話では、プロセスは簡単なものだという。ただし「調査官に何も言わなければ」だ。僕が不運だったのは、身元照会先が調査官にいろいろと話してしまったことで、そのなかには、僕が大学時代ときどき飲みすぎたとか、ゲイの男性とルームシェアしていたとかいう話もあった。僕はナイーブにも、「これまでの人生で恥じるようなことは何もしていないのだから、ほんとうのことを言おう」と思った。が、このやり方はまちがっていたことがわかる。

僕の調査が行われたのは、冷戦末期の一九八九年。当時の外務省はまだ、公務員にとって同性愛者であることは弱みになる（KGBに脅迫され、つけこまれるかもしれない）と考えていた。同性愛を一律に禁止するほうが職員に性志向を偽らせる可能性が高く、かえって弱みを握られる恐れがあるというのは、保安部の官僚の頭には浮かばなかったようだ。[◇02] 調査官は、僕のセクシュアリティについて長々と、ばかげた質問をしたあげく、しまいにこう言った。

「では、ノーマルであることをやめたいという誘惑にかられたことは、ないわけですね」

僕は正直に「ありません」と答えた。

調査官は、僕の祖母がポーランド人だったことを知っていた。当時ポーランドは民主化の途上にあった。だが調査官は、僕にポーランド人の親戚がいるという事実だけで、安全上のリスクになると考えた。ＫＧＢがポーランド人の親戚を「ねらい」、その親戚を使って僕を「ねらう」かもしれないからだ（過去にポーランドがソ連の支配下にあったときはそういうこともあった）。そういうわけで僕の家族はずっと埋もれていた家系図を引っ張り出し、ポーランド人の親戚がいつ、どこで、どのように死去したかを外務省に知らせなければならなかった（ＫＧＢが名前を突きとめて親戚になりすまし、僕を「標的」にしたりできないように）。なお、家系図を調べるうち、親戚のなかに、ポーランドのレジスタンスの一員としてアウシュビッツで命を落とした人たちがいるという、心の痛む発見をした。

僕は、パーラメント・スクエアに近い別のビルにある、がらんとしたオフィスで調査官と何回か面接させられた。寒々とした感じのスティールの棚があった。調査官のデスクには、探偵物の映画さながら、紙は一枚もなく、ただ政府支給の首の回る電気スタンドが置かれていた。部屋の明かりはそのスタンドだけ。面接は、どのくらいつづくのか教えてもらえないまま、ときには数時間もつづいた。家族や友人たちは、最初はおもしろがっていたが、すぐに腹を立てはじめ、深く傷ついたこともあった（僕の元ルームメイトが特に傷ついたのは当然だ）。

外務省への入省予定日が近づき、そのまま過ぎていった。僕はまだ審査を通っていなかった。「後で入省を許可される可能性はきわめて薄い」と僕に言った人事担当者は、心なしか嬉しそうだった。こうした屈辱を僕はこらえた。外交官という、ほんの一握りしかいない人種の一人に、何としてもなりたかった。

次の入省予定日が来るまで数カ月、つなぎの仕事をさがさなければならなかった。だが予想に反して、僕がホモセクシュアルでも共産主義者でも酔っぱらいでも麻薬中毒でも借金まみれでもないということを、役所（と調査官は呼び、僕もそう呼ぶようになるのだが）が納得し、僕は晴れて仕事の初日を迎えたのだった。

秘密主義

思考法の押しつけは、これで終わらなかった。外務省の一員となって「法定調査」を通ると、公務員機密保持法への署名を求められる。このきわめて厳格な文書には、死ぬまで決して、「職務内容をいかなる形でも外部者に漏らしたり公にしたりしないことに同意する」とある。法令は、墓に入るまで守っていくべき公務の情報を驚くほど広範に定めている。決めるのは政府自身。つまり、仕事中にしたことは何でも、永遠に秘密にされるのだ。仕事の内容を明らかにすることは（たとえば本書のように）、理論上は犯罪行為になる。文書に署名を求められたとき（家に郵送されてきた）、僕はためらわなかった。秘密というもののもつ怪しい魅力に引きつけられた僕には、その拘束が祝福ではなく脅迫に感じられる日が来るかもしれないなどとは、思いもよらなかった。

公務員機密保持法への署名は、政府、特に外交を扱う部署にみちている秘密主義文化への通過儀礼の一つだ。他にも、たとえば書類の扱いを習うとき、発信者が機密度に応じた区分をつけるよう教えられる。「部外秘」から「トップシークレット」まで。「機密」扱いしなくてもいいのは、通行人の手にわたってもかまわない書類だけだと教えられる。だから、外務省でつくられるほとんどすべての書類が「部外秘」以上の機密扱いされることになっても驚くには当たらない。

この秘密主義文化はキャリアを通じて常に強化される。電信は高度に暗号化されたときしか通信されない。コンピュータはすべて侵入に備えてセキュリティが確保されている。電話には国家機密を漏らさないよう警告するステッカーがついている。制限はこれほど多く、これほど日常化しているので、「われわれ」がしていることを率直に話せる相手は同僚しかいないということがすぐに明らかになる。「われわれクラブ」のメンバー同士しかないわけだ。「われわれ」の仕事は国務であり、他の国が「われわれ」の機密を探り出そうとするかもしれず、それゆえ「われわれ」は、「知ることが必要な」相手としか話すべきではないのだ。こうして、その名のもとに「われわれ」が行動している当の国民を含め、ほとんどみんなが、このクラブから排除される。

国家の代弁者、イギリス外交官というアイデンティティの形成は、人畜無害で、必要なプロセスのように見えるかもしれない。今日の世界の国際制度に欠かせないプロセスだと論じることもできるかもしれない。この制度では国家はたがいに作用し合っている。だから、自国が何を支持するかを知りつくした、国家の要求の代弁者が必要なのだ、と。でも、僕の経験からは、外交官としてのアイデンティティを形成するプロセスには、何か危険なものが潜んでいるように思われた。

外部による検証がほとんどまったく行われないにもかかわらず、イギリス外務省は、自己批判をすることがない。外務省文化に染まっていくプロセスのなかに埋め込まれているのは、「われわれ」は正しい、という根深い感覚だ。研修部に足を踏み入れた最初の日から、ニューヨーク国連代表部の仕事を辞した日まで、「われわれ」が世界に提供しているのは善なのだという意識は、吸っている空気の一部になっていた。世界でもっとも古い歴史をもつ議会制民主主義、成功した経済、伝統ある文化……、われわれは、世界の人々があこがれるべきものの頂点を代表していた。そのうえ、われわれは、実際的で「分別があった」（理想主義者であったことはない。それは甘すぎて浅はかだ）。アメリカ外交には別の力点があるが（無限に変わりうる「自由」の概念[◇03]）、事情は大して変わらない。われわれの目的が明らかに違うところにあるとわかるときでも、先例どおりに、われわれのやり方を他の人たちに提供しているのだと表明するよう促される。われわれの民主主義、われわれの法律、われわれの「価値観」。

二〇〇二年、アフガニスタンでの「われわれ」の政策は、安定と民主主義をもたらすことだと位置づけられていた。でも僕たちの目的はただ自国の安全保障だった（そして、それは不当なことではない）。「善を提供するわれわれ」というアイデンティティを僕は信じていた。そのおかげで、いい気持ちになれたし（特に対イラク制裁の影響を擁護していたとき）、目的意識を持てた。信じるのをやめたのは、反証が無視できないほどの説得力を持ちはじめてからだ。そしてそのときでさえ、この人格を放棄するのはつらくて、時間がかかった。

これは深刻な自己満足につながる。動機がいつも純粋なら「われわれ」はまちがうはずがないということになるのだ。

イギリスが、イラク侵略を承認する決議の採択に失敗したとき、官僚たちは、十分な支持を集められなかった「われわれ」の失敗を認めるより先に、フランス（拒否権行使をちらつかせた）を非難した。[◇04]ボスニアで虐殺を止められなかったイギリス（と他の国）の失敗の検証は、ジャーナリストと学者に委ねられ、[◇05]内部の包括的な調査はなされなかった。これらは、外部による厳密な調査には抵抗しながら、自己検証に耐えられない文化の、目に余る二つの例にすぎない。

ぬくぬくといい気な自己イメージを持ちつづけているのはイギリス外交官だけではない。僕の経験では、他の多くの国の外交官も似たような自己満足に安住している。エジプト外交官なら、エジプトの伝統は汎アラブの調停者（ナセルの遺産だ）、東西の架け橋だと言うかもしれない（後者の役割は、トルコ外交官も果たすと言うだろう）。オランダは、ＥＵのしっかり者の実務家だ。シンガポールは現実主義者だ、などなど。悪者はだれもいない。みんな、自分が善のために働いていると信じている。ここには居心地の悪い真実が含まれている。多かれ少なかれ、外交官が機能を果たすには、自分たちを定義すること、アイデンティティを形成することが必要なのだ。

「彼ら」のイメージ

これでチェスの一方の側がはっきり描かれた。「われわれ」だ。チェスをするには、さらに相手チームを定義する、あるいはこういうものだと決めつけなければならない。「彼ら」だ。こうしてはっきり線引きしなければチェスはできない。[◇06]

外交が機能するには、枠組みとなるシステムが必要だ。思考もそうしたシステムを必要とする（と論じる哲学者もいる）。外交では、世界を単純なエッセンスに還元してしまうことは、まちがいとはみなされない。職務上必要なのだ。世界を知っているふりをする、いちばん簡単な方法は、一くくりにして決めつけてしまうこと。アラブ人は（みんな）こうで、イスラエル人はああだ。タイ人は少し……。マレーシア人はひどく……。そしてフランス人は、まあ、フランス人はいつだって信じがたいほど……。

この種の決めつけには毎日お目にかかるだろう。新聞を開いてみるだけでいい。イラン国民がいかに自由と民主主義を渇望しているかについて、アメリカの大統領がとうとうと述べているのを読むことができる（おかしなことに二〇〇六年にイラク国民について語ったときは、この話をしなくなっていた。「解放」以来のイラク国民のふるまいには、もっと複雑な要求が絡んでいることがうかがえる）。テレビをつければ、「中東の人々」のニーズや民主主義構築のための「ヨーロッパ」のアプローチ（アメリカでは「ヨーロッパ」という呼び方には否定的なニュアンスがある）などについて評論家がうんちくを披歴している。こうした決めつけを好むのは西洋だけではない。二〇〇六年四月、エジプトのムバラク大統領はインタビューのなかで、イラクのシーア派は、というより中東のシーア派は、総じて自国に対してよりイランに対して忠実だとほのめかし、中東全域で宗教対立を刺激した。

エドワード・サイードが『オリエンタリズム』〔今沢紀子訳、平凡社、一九九三年〕で、中東に対する西洋の見方を厳しく批判してから二〇年。外交官はいまでも、ほとんど世界全体を、西洋が東洋《オリエント》を見るのと同じ目で見ているし、その複雑さと不確実性を矮小化して、単純な文化的・人種的ステレオタイプに押し込めている。外交官(や一部のジャーナリスト)が「アラブの町中」について話すのをいまでも聞くことができる。アラブ人が集まって語り合い、意見を言う(ひそひそとしゃべる、ということになっている)場所があるかのようだ。(先日の『エコノミスト』誌には、「アラブ人」に関する三冊の本の書評が載っていた。そのうち一冊は著者自身アラブ人で、なぜアラブ人には民主主義を同化することがむずかしいのか、いろいろな方法で分析している。タイトルは『アラブ人は急がない』。)また中国について、「中国人」はこうだと説明されることもある。一二億の中国人すべてひっくるめて、だ。

僕はコソボでしばらく働いてきた。西洋の外交官や外交評論家の多くは、コソボを評して、「もっと進歩する」必要があると言う。多数派であるアルバニア人の文化は「氏族にもとづいている」、彼らの価値観は「忠誠と復讐」で、開明的な「われわれ」のやり方とは違う、と。コソボの政治的野心といえば、「大アルバニアを求めているだけだ」と言う。「あの連中」は「原始的」だ、と言った国連上級職員も一人ならずいた。

コソボに住んだ後では、こうした話にはうなずけない。僕が知り会った人はだれも「氏族」の話などしなかった。知り合いのコソボ人の多くは、僕の知るなかでもっとも温かく親切であるだけでなく、もっとも洗練された人でもある。複数の言語を話す人も多い（英米の外交官の多くは話さない）。僕の聞いた範囲では、アルバニアとの統一を望むと言った人はだれもいなかった（コソボとは大きく異なる国だ）。もちろん、魅力的な性格をもたないコソボ人もいるが、まさにそこがポイントだ。こうだと決めつければ、いつでもだれかがはみ出すことになる。

こうしたとらえ方は大して意味をもたないときもあるが、それでも、物の見方をうかがわせるものだ。僕は最初の海外配属先だったノルウェーで、上司の勧めに従って、「ノルウェー人の国民性」を分析した手紙を書き、ロンドンの西ヨーロッパ部局へ送った。まったく薄っぺらな内容だった。最初にノルウェーに着いたとき、オスロ空港の手荷物受取所でノルウェー人のふるまいを観察して書いたのだ。僕はノルウェー語を話せなかった（いまでも）。だからといって手紙を送るのには何の支障もなかった。

この種のことは当時（九〇年代の初め）よりも少なくなっていると思いたい。それでも駐在先の国の文化や「国民性」について、日常的に一般化をしている大使や外交官はいるにちがいない。彼らもノルウェーでの僕と同じように、そうするように働きかけられている。ホワイトホール（英官庁街）や「フォギーボトム（霧の底）」と呼ばれる米国務省でオフィスに座っていれば、世界を理解している気になるために大使館に説明してもらいたくなる。還元主義のピラミッドの一部にいて、だれもそこから抜け出せない。官僚なら、閣僚や国務長官に、自分が世界を理解していると言う必要がある。閣僚や国務長官だったら、議会やマスコミに、たとえばイランや中国で何が起きているのか理解していると言わなければならない。国務長官は、中国の複雑さについて十週間のセミナーをするわけにはいかない。いくつかの文で（あるいはもっと短く）要約しなければならない。こうした分析では、不確実性や複雑ささえ認めることはできない。図式化は残念ながらどうしても必要だ。問題は、世界を理解しようと努力するときに、こうした還元主義が役に立つのか、それとも邪魔になるのかということだ。

こういう論法を使う外交官は、他国の同僚に刺激を受ける。イギリス外交官がイギリスを「われわれ」というのと同じように、他国の外交官も自分の国を表す。ドイツの外交官はルワンダの虐殺やロシアの民主主義について自分の見解を述べるとき、ためらいなくドイツの見解として話すだろう。「介入は実行不能とわれわれは考える」。エジプトの外交官も、ロシアの外交官も。彼らは自分の見解を「ドイツの」「エジプトの」「ロシアの」として報告できる。僕も電信で、彼らのことをこのやり方で報告する。話をした個々の外交官の名前を記録しておかないこともあり、そういうときは国名だけを伝える。奇妙なことに、僕が出会ったなかで、この話し方を喜んでしないのは、外交の舞台に新しく登場したソマリランドやコソボの外交官だ。一般化の習慣を身につけるには、彼らはまだ修行が足りないようだ。

ステレオタイプ

異なる国の国民性を分析して、言い古された国民性のステレオタイプにいくらかでも真実味があるのかどうかを問うた近年の研究がある。アメリカの国立加齢研究所（ＮＩＡ）は、世界の四九の国民性のステレオタイプの正確さを検証した。研究では、四〇〇〇人近い被験者に自分の文化の「典型的」な人を描写するように頼んだ。◇07

研究者が特徴の平均点、つまりその文化集団のほんとうの特性を、ステレオタイプと比べてみると、まったく一致していなかった。たとえば、「典型的なアメリカ人はとても積極的」だとアメリカ人は思っており、カナダ人は「自分たちはおとなしい」と思っているが、実際は、アメリカ人もカナダ人も積極性の点数はほとんど変わらない。インド人は自分たちのことを「因習にとらわれずに広く新しい経験を受け入れる用意がある」と思っているが、性格を測ってみると、世界の他の人々よりも「伝統を重んじる」ことがわかる。チェコ人は自分たちをぶっきらぼうでとっつきにいと思っているが、実際に性格を観察すると、利他主義や謙遜という点で、ほとんどの他国の人々より点数が高い。

研究のリーダーの一人、ロバート・マックレー博士はこう言う。

「理解しておくべきことは、私たちがみんな、こうした類の先入観にとらわれがちだということです。たいていは根拠のないステレオタイプにすぎない偏見を、自分の経験で裏づけられたものと考えがちです。人を個人として見るように、もう一度自分に言い聞かせる必要があります。アメリカ人だろうとレバノン人だろうと、X世代であろうと高齢者であろうと」（NIAの研究目的の一つは、年齢集団、特に高齢者に対する偏見に根拠がないのを示すことにあった）。

外交はいまだにこの教訓を学ばず、国民性とか、単一の均質な存在としての国家について話したがる。都合よく均質でない場合は（日本やオランダのように）、国内の集団や民族を取り上げる。サイードによれば、英米のような西洋の外交制度で他国をステレオタイプにあてはめる傾向は、その国が自国に似ていないほど高まるという。別に不思議なことではない。大使による年次報告や電信で、駐ドイツ大使が「ドイツ人」やドイツの文化的アイデンティティを一般化する可能性は、リヤドから報告する大使よりもずっと低い。アメリカ国内の議論では「ヨーロッパ人」について一般化するのは日常茶飯事だ。ヨーロッパではほとんどだれも、この言葉を使いさえしない。

国として一般化ができなくなったとき、言葉づかいに何が起きるかを見れば、この思考回路の現れ方がわかる。二〇〇三年のイラク侵攻前、英米の外交官と政治家は、イラク国民を、均質な統一体として扱っていた。「制裁にはイラク国民に害をなす意図はない」とか「イラク国民と事を構えようと言うのではない。相手はイラクの政権である」とか、また侵攻が近づくと「イラク国民は解放を心待ちにしている」と言った。

侵攻後、宗派間、宗教間の緊張が暴力的対立となって現れるとともに、言葉づかいは変化した。コメンテーターも政治家も一様に、「シーア派」「バース党」「スンニ派」について語りはじめた。

以前「イラク国民」がそうだったように、こうしたグループにも集団的特徴がつけられた。「スンニ派はシーア派支配によって脅かされていると感じている」とか「クルド人はクルド人国家を求めている」。

僕は一度、元イギリス外交官の講演を聞いたことがある。彼は侵攻後、イラクのある州の管理を任された。自分の置かれた状況の複雑さを説明するために、彼はボードに円を書き、それぞれの円のなかにイラクの各民族の名前を書き、それからグループ間の関係を示す線と矢印を書いた。何が起こっているか理解するのを助けてくれるような、こうした図式的なシステムを、彼は明らかに必要としていたのだ。

こうしたシステムの欠陥を知るには、それを自分の現実に当てはめてみればいい。「イギリスの中産階級は経済成長と社会の安定を求めている」、「アメリカの黒人は民主党を支持している」。だれかがこんなことを言えば、僕たちはばかにされた気がする。アメリカの大きな多様性を正しくとらえずに、単純な戯画化をすれば、反米主義といったものも生まれてくる。アメリカ在住のイギリス人として、「イギリス人は……」で始まる文を耳にするたびに、神経を逆なでされる。こうした言葉で自分たちの社会を説明するのは無神経だ。でも、外交官や評論家は、他の社会に対して日常的にそうしている。そうした説明は正確だったためしがない。

外交官がこのように考え、話すのは、人種差別主義者だからではない。ほとんどの外交官は広い世界を愛している。ただ、そのように考えれば、世界がいくらか複雑でなくなり、秩序や枠組みのなかに収めることができるものになる。納得がいくわけだ。

この図式化の習慣は、外交の世界の実際のあり方を反映したものでもある。外交官は安保理の草案で、「中国が何を求めているか」を論じる。中国の大使が「中国は第一二段落の削除を求める」と言うからだ。単なる図式化ではなく、外交と政治の現実の反映でもあるわけだ。だが外交がこうしたやり方をすればするほど、それが外交の現実になっていく。そしてもちろん、その前提として、(前に述べたような)「われわれ」と「彼ら」の間に線引きをするプロセスがある。

外交における差別化

国連安保理での交渉を通してわかってきたことがある。われわれ(イギリス)の国益を考える作業のうち、いくぶんかは、競争相手と目する陣営(フランスやロシア)の国益との差異化を図ることだった。知らず知らずのうちにそうしていたので、説得力のある証拠を示すのはむずかしい。ただ、対イラク制裁のような問題を、まずその問題自体から見るのではなく、「われわれ」の国益を図る手段として見たことはたしかにあった。それも、認めたくないほどたびたびあった、とだけ言っておこう(外交のこの「競争」モデルは第六章でもう少し論じる)。ときには、「われわれ」が何を求めるかは、彼ら対立陣営が何を求めていないかという点から決められた。

貿易交渉を見ると、われわれと彼らが求めているものを詰めていく作業が、逆説的に見えてくる。

WTOでの国際貿易協議――いちばん最近の協議はいわゆる「ドーハラウンド」――は、各国代表団（あるいは代表団のグループ）の間の妥協のやり取りをめぐって展開することが多い。もっともよく見られる「妥協」の一つは、国内市場へのアクセスを認めることだ。他国の市場へのアクセスが認められた見返りとして、同じ製品または他の製品の国内市場へのアクセスを相手に認める。こうした妥協は、きわめて複雑な交渉過程を経て提示される。でも、この妥協の提示はうわべだけの話。自由貿易の恩恵は、輸出側より輸入側に多く流れ込むからだ。◇08 より安くより良い商品の輸入は消費者の購買力を高め、また競争を通じて国内の生産性も高める。言いかえれば、妥協を提示しているというより、自分がもっと恩恵を受けるようになることを提案しているわけだ。それでも、貿易協議の論法と妥協にもとづく交渉の駆け引きにあまりになじんでいるので、だれもが、妥協でないものが妥協であるふりをし、反対に妥協は妥協でないふりをする。

政府が図式化をするのは偶然ではない。政府にはそうする必然性がある。自分たちだけが国全体を代弁できると言えれば、政府にとっても、それを率いる政治家にとっても、大いに得になる。だから、他国の政府も国全体を代表するものと認めて、国際関係とは国対国なのだと主張するわけだ。もっとも、それほど安易に他の文化や国をステレオタイプにあてはめるほど無神経ではないと、現代の外交官たちは言うだろう。イランの政策と言えば、もちろんイラン政府の政策という意味であって、実際にそのように言うことも多い、と。

しかし、国全体を単数で表し、政府を国とみなす習慣は、国家にもとづく国際制度自体と同じくらい深く根を張っている。もしこの言葉づかいをやめれば、国全体をその多様性も含めて政府が代表できるという前提もなくなる。そうすると、国際制度の性格は、国が政策の担い手となる単位であるものから、他の単位にもとづくものに変わる。だから政府が外交政策と政策決定の権限を手放したくないと思っているかぎり、どうしても、自分にも他国政府にも国を代表する正当性を認めつづける必要がある。たとえばリビアのカダフィ政権のような非民主的政府であっても。

この習慣が根強く存続する理由の一つはおそらく、外交が発展してきたプロセスにある。古代ギリシャ・ローマ時代のそもそものはじめから、中世、そして国家にもとづくウェストファリア条約制度の発展。外交官はずっと、都市や地方、そして後には国家といった実体を代表し、その実体同士の交渉を行ってきた。今日とは対照的に、外交官の仕事は、戦争や和平、貿易といった比較的狭い領域に限られていた。こうした領域も重要ではあるものの、今日の世界のような大規模で多様な交流や相互作用（これらの言葉自体、こうした動きのもつ複雑でダイナミックな性質を十分伝えていない）という性格まではもっていなかった。

外交の性格を定義するのに役立つ重要な文献の一つに、一七一六年パリで出版された、フランソア・ド・カリエールの『外交談判法』〔坂野正高訳、岩波文庫、一九七八年〕がある。ド・カリエールによれば、外交の主な機能は、競合する国益のぶつかり合いをできるかぎり効率よく調停し、おさめるところにあった。そのため、外交官は交渉にあたって誠実であることが重要だった。外交官特権は守られる必要があり、それは単に国際法に条文があるからではなく、君主の利益のために必要だからだ。

外交官は、どちらかといえば政策を実行する側だが、立案にも重要な役割を果たす。そしてさらに重要なのは、他国政府の代表を説得して、問題を見る視点を変えさせるという仕事だった。自国と他国の国益が、どうすれば双方に受け入れ可能な条件でかなえられるかを検討するために、外交官は必要だった。

ここで語られているド・カリエールの外交の概念は、今日ふつうに考えられているものと驚くほど似ている。一方、今日僕たちの生きている世界は、彼の時代とはまったく違っている。戦後、二国間関係のために新しい場が設定される一方で、国連、ＮＡＴＯ、ＥＵといった新しい多国間外交の機関が確立された。が、外交とは国益を認識して互いに調整し合う国家の間で行われるものだ、という根本概念は変わらなかった。それどころかこれらの機関は、国同士がそこで会合し、共通の問題について決定を下すという、まさにその概念を前提としている。そのため、外交官が世界とその多様な問題をこうした枠に収めようとしがちだとしても不思議はない。そうした枠組みは急速に現実からかけ離れた不自然なものになりつつあるが、変化が求められるまでにはまだ至っていない。

世界のイメージ

世界はさまざまな複雑な力によってつくられ、影響されるものであり、政府は多くの要因の一つにすぎない。このように世界をありのままに分析し、説明すると、政府やそれを代表する外交官は居心地が悪くなる。役割を確保し、ものごとを「担当」するという信念（彼らにも僕たちにも居心地がいい）を保つには、自分が政策の担い手として頂点にいると言いつづける必要がある。何が重要か、何をすべきかを決定し、規則をつくって実施するのは政府だ、と。

一六四八年か一九四五年だったら、これでもよかったかもしれない。でも今日、世界は複雑さを増しつづけている。世界の問題はいつにも増して、外交の伝統だった図式的分析を許さなくなりつつある。環境汚染、鳥インフルエンザ、テロリズムなどもっとも厄介な問題の多くが国境を超え、原因も解決も複雑で、取り組みには共同歩調がいる。このことを、外交官も含め、だれもが認めている。世界を敵と味方のゲームとしてとらえるのは、ますます理屈に合わなくなっている。それはいつでも単純化にはちがいなかったが、その不合理さは増す一方だ。

グローバル化は、世界が狭くなって一つの市場を形成するなど、ある面では単純化を意味する。だがそう考える人々でさえ、世界の複雑さは（いまに始まったことではないにせよ）増していると認めざるをえない。三〇年前だったら、一人の若いエジプト人が、チェチェン紛争に対する憤りから、飛行機をニューヨークの世界貿易センタービルに突っ込ませるということが考えられただろうか。この行動を可能にした組織は、米軍のサウジアラビア駐留に対するオサマ・ビン・ラディンの怒りから生まれた。その組織の基礎を築いたアフガニスタンの原理主義政権は、ソ連のアフガン侵攻とその後の勢力衰退によって支配力を獲得した（そしてこの説明自体、原因と事件の複雑な連鎖を単純化して説明したものにすぎない）。同時多発テロという他に類を見ない行為は、それ自体、複雑で予測不能の大きな変化を引き起こしたが、「九・一一委員会」の報告では四〇〇ページ近くを費やして、そこに至る経緯が時系列に沿って詳しく分析されている。

外交の図式化傾向は、メディアで目にするコメントと互いに補強し合っている。奇妙なことに、グローバル化する世界が複雑になればなるほど、評論家たちは単純化に傾いていく。世界の複雑さに戸惑う僕たちは、そこで起こっていることを説明してくれる単純なフレーズ、大げさな概念を求めるのだ。学者も評論家もそれに応えて、「文明の衝突」「フラット化する世界」などを提供してくれる。

こうした概念を特効薬のように使っている人がいるとしたら、おそらく身から出たさびだ。マスコミ各社は熾烈な競争を展開している。慎重なコメントは、センセーショナルなものほど注意をひかない。フィリップ・E・テトロック[◇09]による最近の研究は、これを裏づけている。テトロックによれば、もっともドラマチックな政治予想は、メディアの関心をもっとも引きつけるが、当然ながらもっとも不正確だという。テトロックの研究は、数十カ国について数千人の専門家による予想を検証し、予想の正確さを点数化した。研究チームによれば、マスコミは不正確な予想を排除できなかったばかりか、特に真実が複雑で、すっきり整理することができないときは、不正確なほうに肩入れすることが多かった。

テトロックが挙げている事例は、二つのカテゴリーに分けられる。楽観主義者と悲観主義者だ(彼は、それぞれ「躍進派《ブーム》」と「破滅派《ドゥーム》」と呼ぶ)。一九八五年から二〇〇五年までの間に、楽観主義者による一〇年後の予想では、金融市場（ダウ平均株価）と国際政治（中東和平とサハラ以南のアフリカの急成長）の両方で、大きな前向きの変化が起こる可能性が謳われた。バラ色のシナリオが実現する確率は六五パーセントと考えられたが、一五パーセントしか実現しなかった。

同じ時期に、悲観主義者のほうはさらに成績が芳しくない。楽観主義者が前向きの変化を強調した同じ場所とその他の数カ所で、思わしくない変化が起こる可能性を指摘した（そのなかには、カナダ、ナイジェリア、インド、インドネシア、南アフリカ、ベルギー、スーダンの崩壊が含まれていた）。寒々としたシナリオに七〇パーセントの可能性を予想したが、実現したのは一二パーセントにとどまった。けれども、予想がこれほど不正確であるにもかかわらず、こうした「吹聴者」は自分のまちがいにほとんど何の代償も払っていない。それどころか、マスコミは彼らに惜しみなくスポットライトを浴びせ、もっと慎重な（そして正確な）評論家を無視した。

ここで働いている要因で、まだ触れていないことがおそらく一つある。僕たちが世界のシンプルなモデルと大げさな言い回しに愛着をもつのは、外交官が悪役ではなくヒーローとして見られたいという欲求をもつ――僕もかつてはもっていた――ことと切り離せないのだろう。僕たちには、自分と世界を説明してくれるストーリーが必要だ。そして否定的なストーリーは選ぼうとしない（他人ならいざ知らず、少なくとも自分たちには）。自分を肯定的に見たいと思い、同時に、世界が道理にかなう、秩序と体系に従うものであってほしいと強く願っている。この一見無邪気な願望のなかに、鋭い危険が潜んでいる。

次章で見るように、政策担当者が僕たちに示す世界観と調停方法がこのように偏っているから、まちがいが起こる。偏りが重なれば、失敗につながる。一つの複雑なシステムが（システムでさえないかもしれない）、それを実際より単純なものとして見たがる人間たちによって説明され、支配されている。だが、プレイヤーを自称する人間にとって（コメントする人間にとっても）不運なことかもしれないが、世界はチェス盤ではない。

第6章
国益とは何か

外交という仕事の主な産物の一つは、大使館と首都との間で交わされる、暗号化された電信《テレグラム》だ。イギリス外務省では、電信書きはとても恭しく執り行われる。様式化され、階層制にのっとったその書かれ方は、ある意味で、はからずも外交の仕事全体の比喩になっている。

下級外交官が下書きをすると、「お墨付き」をもらうために上司のチェックが入る。特に重要な報告は大使自らチェックする。末尾に大使の署名が入るからだ（これもこの世界の上下関係至上主義を知らず知らずのうちに強化している）。

外務省に入省すると、明快、簡潔、無私、そして何より客観性を重んじる「家風」を教えられる。文書を起草する能力《ドラフティング・スキル》は高く評価される。大使のなかには、とても巧みで機知に富む文章を書けることで有名な人もいて、優れた電信は、筆者に敬意を表して、内輪で広く回覧される。
電信はまた、外交が何に関わるかをそのまま表したものでもある。イギリス外務省では、電信に三つのセクションがある。数行の「要約《サマリー》」、報告の主部である「詳細《ディテール》」、そしてこの上なく重要な「見解《コメント》」。「見解」には、報告内容についての大使館の見解と外務省に対する政策勧告を書く。だから電信は以下のようなものになる。

緊急
宛先：英外務省、ロンドン
差出人：駐ルリタニア英大使館
機密区分：部外秘

要約
一．ルリタニアでクーデター発生。英国に有利。新大統領は友好的。旅行勧告に変更不要の見込み。

詳細

二．グリニッジ標準時二時◇[01]、ポテト将軍率いる将校の小隊が、国立ラジオ局、軍の主要兵舎、および主な政府機関をすべて掌握。大統領官邸での短時間の交戦以外は、戦闘、人的被害ほぼ無し。ポテト将軍側がトマト前大統領を拘束、汚職その他の「反国家的」犯罪により裁判を行うと発表。

三．グリニッジ標準時七時のラジオ演説でポテトは、クーデターが「ルリタニア国民」のためであり、トマト政権による汚職と経済的混乱から国民を解放するためであると宣言。自らの「暫定」大統領就任を宣言する一方、六カ月以内もしくは「治安が回復され次第」総選挙を実施すると発表。

四．ルリタニアの状況はおおむね平穏。クーデターを祝う散発的デモがあったが、それ以外ほぼ混乱無し。

見解

五．今回のクーデターは計画的なもの（他の情報で示唆）。

六．われわれ（イギリスのこと）は、ポテトが前政権を排除した方法を是認するものではないが、経済破綻と重大な社会不安を招いたトマト政権はルリタニアにとって悲劇だったと認識。ポテト（私の知己である）は分別があり、治安状況が許し次第、民政移管に積極的に動くと思われる。公約を守るよう強く求めることが肝要。

七．ポテト政権誕生はわれわれに有利。ポテトとは頻繁に個人的会食をする仲である。彼はトマトと異なり、イギリスに好感をもっている（オックスフォードに一学期間留学）。商業、軍事両面の輸出戦略について緊急の見直しが必要。

八．引きつづき治安状況を注意深く見守る必要があるが、現時点で旅行勧告の見直しは不要と思われる。

ベーコン（大使の姓）

こうしたメッセージはほとんどすべて、「部外秘」から「トップシークレット」までのどれかで機密扱いされる。機密度が高ければ高いほど、閲覧、保存にコストもかかり扱いにくくなるため、外務省は多くの書類の機密度を下げるよう官僚に働きかけている。それでも、こうした省内の連絡の大部分は何らかの形で機密扱いされている。こうして、事実上表に出ることのない膨大な文書が生み出されている。

何百ものこうした連絡が（これほどドラマティックなものはほとんどないが）、毎日、世界中の大使館から発せられる。だれも言わないが、ほとんど本能的に了解されていることは、世界のもっとも重要な地域がもっとも注目を集めるということだ。だから駐ワシントン英大使館は、何百人もの官僚を抱えており、年に数千ものメッセージを送ってくる。一方、ウランバートルにある職員二人の大使館からは、月に数回、あるいはクーデターが起きたときだけ連絡がきて、ロンドンをわずらわすだけだ。

歴史家は、こうした文書による記録を、政府内で「ほんとうに」何が起きていたかを示す最重要の資料、表に出ない政府協議の核心部分とみなすかもしれない。それもほんとうだが、ある程度までだ。外交官が細心の注意を払うこうした書類の作成には、内容をゆがめる要因が働いていることがしばしばある。

まず、書類は外務省の内外で、上級官僚や閣僚も含めて広く回覧される。政府という狭い世界で、書き手の技術と業績をもっとも広く示す手段となるわけだ。このため、よほど自己顕示欲の弱い大使でないかぎり、自分のもつ政治的な関係の深さ、親密さを誇張したくなる。（前で見た）架空のベーコン大使も新大統領との親密な個人的関係を強調していた。また、このような形でものごとを見れば、政府とそれを構成する個人が国際関係の決定要因であり、それこそがほんとうに物を言うのだ、という見方が強化され、持続する。地元要人との関係の質は、大使の昇進が考慮されるとき、業績評価を大きくつり上げる。また、こうした電信は例外なく、地元の状況に対する大使館の深い理解を強調する。何が起こっているかほとんどわからないなどと漏らすことは決してない。

ここで恥を忍んで、僕自身のキャリアのなかのエピソードを告白しよう。カブール勤務の間のことだ。僕はロンドンの部署から電話を受け、「ジャララバードの自動車爆弾」について報告するように言われた。わかりましたと答えて受話器を置いたが、いったい何のことか、皆目わからない。

僕は迷わずインターネットでBBCのウェブサイトに行き（ロンドンもここで知ったにちがいない）、襲撃の詳細を少しばかり集めた。こうして情報を仕入れた僕は、短い電信を書き、「部外秘」扱いにしてロンドンへ送った。

第二に、こうした電信には、「詳細」つまり事実と、「見解」つまり判断の区別がある。大使の頭の中でも報告でも、この二つが別々だと考えられているということだ。どれが事実でどれが意見なのか読み手に伝える必要があるという意味では、この区別は納得がいく。しかし、こうした区別のせいで、何が報告されるべきかの選択自体に判断が含まれているという現実が隠されてしまう。ボンで（第二章）ロマの状況を調べた僕の調査が、電信にいかにふさわしくなかったか。大使館が何を選んで報告するか――彼らにとって何が、外交話法として受け入れられる範疇に入るか――は、もちろん一つの判断であり、それも価値観を色濃く反映したものだ。

第三に、こうした電信は、綿密に検討された客観的な政策の選択肢を本国に示している、という印象を与える。でも、ニューヨークの国連での交渉を思い出せば、電信の「詳細」のセクションで（つまり「事実」とされている）、読み手（上級官僚や閣僚）を誘導して、ある行動を選ばせるような書き方をしたことがよくあった。たとえば、ロンドンが進めるように言ってきた提案が代表部にいる僕たちの気に入らない場合、ロンドンをあきらめさせるよう、しばしば反対の度合いを誇張して書いた。この微妙なさじ加減の技術を、僕たちはおおいに得意としていた。僕たちだけではないだろう（もっとも、現役の外交官がそれを認めるとは思えないが）。だから、こうした報告が記録の対象について正確に説明していると考えるのはまちがいだ。最後に、おそらくもっともデリケートなことだが、こうした連絡は、必ずしも書き手がほんとうに考えていることを伝えるものではないのだ――。

われわれには関わりがない

外交官としてのキャリアの間に書いた数々の電信のなかで、記憶に残っているものがいくつもある。一つは、国連安保理で対イラク政策の再構築に向けて一年間つづいた厳しい交渉がやっと終わったときのもの（一九九九年の決議一二八四についての報告だ。これは最長の安保理決議だと思う。第九章参照）。もう一つは、二〇〇一年九月一二日、その前日の同時多発テロに対する安保理の非難を伝えるもの。三つ目は、一九九八年の終わり近くに、イラクが武器査察団への協力を約束したことを報告したものだ。この電信は、イラクを空爆するためすでに発進していた戦闘機を止めた。もっとも、約束は守られず、爆撃機はその年の内に攻撃することになったが。この電信を書いたときは、手が震えてほとんどキーボードが打てなかった。

しかし、他のどれよりも心に強く焼き付いている電信がある。いまでは交渉のテーブルの両側からよく知るようになった、西サハラの問題に関するものだ。これはイギリス国連代表部中東局長として僕が担当した問題の一つだった。

西サハラ問題のことを聞いたことがある人はほとんどいない。この問題の運動家に言わせれば、西サハラの未開人が（サハラウィとして知られている）、パレスチナ人と違って、テロに訴えたことが一度もないからだということになる。サハラウィを代表する組織「ポリサリオ」は、一九九一年までつづいたゲリラ戦争で、西サハラを占領していた勢力に対する直接的抵抗を行った[◇02]以外は、暴力を政治的道具として使ったことは一度もない。

歴史は単純だ。一九七五年、植民地を支配していたスペインが西サハラとして知られる地域を去ったとき、モロッコがすぐにこの地域に侵攻し占領した。地域住民はこの侵攻のとき、何の選択権も与えられなかった。彼らの代表者からなるポリサリオは、サハラウィが民族自決の権利を与えられるよう、ずっと運動してきた。比較的初期、一九七五年から一九九一年にかけては、この運動は散発的なゲリラ戦の形をとった。一九九一年、国連安保理は、「解決計画《セトルメント・プラン》」と言われるプロセスに合意した。これは、この地域での民族自決をめぐる住民投票の実施を定めたもので、このとき、ポリサリオは武装闘争の停止を決定した。

モロッコはこの計画の実施を絶えず妨害しつづけた。モロッコの妨害工作の一つは、この地域へのモロッコ人入植者をあおって、国連が用意した有権者リストに対する異議申し立てを何千件も起こさせるというものだった。これによって、住民投票の準備を、かぎりなく遅らせるわけだ。モロッコはまた、住民投票に負ければ、その結果の受け入れを拒否するという姿勢を、同盟国である米仏両国に認識させることに成功した。

二〇〇〇年、国連事務総長は、元米国務長官ジェームズ・ベーカーを西サハラへの特使に任命した。公式には表明されなかったものの、安保理常任理事国の間で非公式に理解されていたことがある。ベーカーに託された役割は、この「行き詰まり」を解消することだった（「行き詰まり」と位置づけることで、問題の主な原因の責任がうやむやになる）。

二〇〇二年、ベーカーは安保理に三つの選択肢を提示した。第一は「解決計画」の継続、第二はサハラウィへの限られた自治の提案（五年以内に地域の最終的な地位をめぐる住民投票が約束されていた）、ただしモロッコの主権の下で、というもの。そして第三は、あきらめること。勧告の方向性は明らかだった。「解決計画」の放棄だ。言いかえれば、安保理は、紛争解決のために自ら合意したアプローチを、単に一方の関係者が妨害しているというだけの理由で、放棄するということだった。

二〇〇〇年初め、イギリス外務省は各地の大使館とニューヨークも含めた代表部に対して、西サハラについて「われわれ」はどうすべきか見解を送るよう求めた。ニューヨークからの電信を書く仕事が僕のところにまわってきた。僕は電信で、国連事務局が何を考えているか、米仏の代表部が何を考えているか（注目すべきことに、僕はポリサリオ代表の見解を求めなかった。彼は哀愁を漂わせた魅力的な人物で、国連の廊下をいつも重々しい足取りで歩いていた）、それから「われわれ」が何を考えているかをきっちりと報告した。

当時も今もそうであるように、電信は「要約」「詳細」「見解」に分けて書いた。国連と米仏両国から聞いた話は「詳細」のところに入れた。この三者の結論では、「解決計画」は難航しており、国連もフランスも、住民投票に対する妨害をやめさせるようモロッコに圧力をかける用意はない。これらを「事実」とし、それにもとづいて僕は判断を下した。でも、すでに書いたように、これらの事実にはいくつかの点が抜け落ちていた。欠けていたものの一つはサハラウィ（ポリサリオ）代表の見解で、ひょっとしたら彼の見解は聞いておくべきだったのではないかというご指摘もあるだろう。

対イラク制裁政策の見直しのときとまったく同じように、こうした「事実」には、サハラウィにせよモロッコにせよあるいは他のだれかにせよ、西サハラでの人々の生活の現実についての言葉は一言も含まれていなかった。僕は西サハラに行ったことは一度もなかった。後に二〇〇五年の秋に訪れたとき、一五万人にも上るサハラウィ難民の無力感と苦しみに僕は呆然とした。彼らは今日まで、サハラ砂漠の西側の難民キャンプでテントに住み、拒否されつづけている正義を「国際社会」が回復してくれるのを待っている。◇03

「ロンドン」に対して「事実」――それは単に他の「重要な」交渉相手国の立場にすぎなかった――を述べた僕は、西サハラ問題についてどうするべきか、僕の判断を書いた。そしてここにもう一つの、深く根を下ろした習慣が働いた。すなわち、どこから、見ても恣意的で主観的なやり方で、この件についてイギリスの、というより「われわれ」の利益は何かを決める習慣だ。電信の「要約」のセクションはこうなっている。

「介入すべきではない。われわれには関わりのないことである」

他にも「見解」のセクションで僕はこう書いた。「国益には関係がない」。そして、「解決計画」と住民投票に代わる案を国連が決定しようとしているとき、粛々と支持し同意するよう勧めた。「解決計画」と住民投票は、僕たち自身何度となく承認し、国際法でも支持されていたアプローチだったにもかかわらず。

なぜ僕はこう書いたのか。イギリス外交官として一〇年ほどの経験を積んでいた僕は、国家と国益の観点から世界を見る見方にがんじがらめになっていた。この観点からは、この紛争に対して「イギリス」が何か行動することが国益と無関係であることはほんとうだったし、いまでもそうだ。反対に、伝統的分析にしたがえば、何も「しない」ことには一定の国益がかかっていた。イギリスの対モロッコ輸出は二〇〇〇年には四億二〇〇〇万ポンドに達していた。輸出のほとんどはモロッコ政府が直接購入したもので、兵器が含まれていた。イギリスが西サハラ問題で立場を明確にすれば、この貿易、特にモロッコ政府相手の取引を危うくしかねなかった。だから、これを判断の根拠とすれば、西サハラについて何もしないのが、明らかに「われわれ」の国益につながっていた。

しかし、僕たちの国益とは、いったい何なのだろう。それはどのようにはじき出されるのだろう。一握りの人間しかかかわらない外交の他の領域と同じように、教えてくれる〝ハウツー本〟や教科書はない。

イギリス外務省では、「われわれ」の国益は、三つの要素からなるということを意識下に吹き込まれる。貿易、安全保障、そしてなぜか「価値観」と呼ばれるものだ。自国の政策が同じような用語でなされた分析にもとづいているという他国の外交官にも、大勢会ったことがある。イギリス外務省では、国益をはじき出す方法は入門研修で教えられるわけではなかったが、その後に読む膨大な文書からそれが読みとれる。文書には「われわれ」の求めることが、そうした用語で書かれているのだ。

国益を決めるプロセスは、根拠も正当性もない恣意的なものだ。個別の事例について、閣僚がイギリスの「国益とは何か」を問うたり述べたりする会議が開かれることはきわめてまれだ。それはすでに前提となっている。国益の混沌とした集合を三つの下位集合――貿易、安全保障、価値観――に分けることでさえ、厳密にはなされていない。外交部門の主観性、恣意性はあまりに高いので、国益をこのように定義することさえ、反論を呼ぶ可能性が高い。でも、考えておく必要があるだろう。

経済的「国益」

貿易は何よりもわかりやすい国益だ。イギリスと各国との貿易は簡単に測れる変数である。貿易関係の統計は、大使館からのどの年次報告にも、X国やY国との二国間関係のどの報告にも載っている。政策の議論をするとき、貿易という要因は、こうした統計によって重みと心理的インパクトを付加される。ある心理学の研究成果によれば、数値とかパーセンテージとか、はっきりと定量化されたデータには重きが置かれやすい。西サハラの場合、僕は電信で、われわれの「国益」という観点から貿易を最優先した。

イギリス外務省や各国の政府では、貿易が自国の「求めること」だというのが前提とされている。だが言うまでもなく、これは非常に重大な前提だ。この前提の基盤はもちろん、新古典派経済学の基盤と通じている。新古典派経済学では、個人は消費を通して効用を最大化しようとする。要するに、人間はより多くを求めるということだ。これを国家にあてはめれば、国家は貿易の拡大といっそうの成長を求める、ということになる。しかし、実はそうではないことを示す証拠や、信頼できる経験的データも増えている。

もっとも基本的なレベル――個人のレベル――で、人を動かす第一の動機は、財産の最大化という願望ではない、ということを示す証拠がたくさんある。たとえば、リチャード・レイヤード教授の講演シリーズ（すでに書籍化されている）[◇04]では、富の追求は僕たちをより幸せにするわけではないことが示されている。悲惨な貧困を抜け出した後、財産が増えても幸福感のレベルは停滞したままなのだ。西欧世界では、ここ五〇年で富は大幅に増えたが、幸福感は増大しなかった。教授が論拠とするのは、幸福感を測定する手段をもたない、こぎれいな統計の数字ではなく、心理学だ。神経科学の分野でも、この主張を支持する証拠がある。より広い世界に目を向けても、こうした傾向が見られる。ピュー研究所やギャラップ・インターナショナルが広範囲で行った世論調査によれば、世界的に、人々の第一の関心事は貧困からの脱出だが、特に富のレベルが上がった場合、他の関心事が重要性を増す[◇05]。犯罪、汚職、病気といった関心事は、従来の経済学が僕たちの動機と考えてきたものとは、まったくと言っていいほど一致しない。

このことは、エイブラハム・マズローの「欲求段階説」など、人間の欲求と願望について確立された心理学理論にも合致する。この理論によれば、人間の動機のもっとも高いレベルにあるのは、自己実現の欲求だという。その下に、他のレベルの欲求が段階的に並んでいる。マズローの欲求ピラミッドのいちばん下にあるのは、食べ物、水、物質的快適さといった、生活の基本的なものだ。次に、安全、安心の欲求。それから愛と帰属意識、ここには、家族、地域社会、同僚からの認知を得たいという願望も含まれる。その次に来るのは評価されることへの欲求。自尊心と他人からの尊敬や称賛の両方が含まれる。そして最後に頂点に来るのが、マズローが自己実現と呼んだものだ。自分の可能性を完全に発揮できたことによる幸福感に達するレベルだ。このレベルでは、知識や美的経験を追い求め、また他の人の自己実現を手助けすることがある。

幸福感の測定は、たとえばＧＤＰの測定に比べてはるかに漠然としている。でも、明らかに、マズローの欲求段階説が働いていることがうかがえる。もっとも幸福感が低いのは最貧層で、生活が楽になると一般に幸福感は高まる。しかし収入が、年に一人あたり一万ドル程度の、ある基本的なレベルに達すると、幸福感のレベルは一定になる。収入や財産の増加は幸福感の上昇につながらず、ときには幸福感が下がることさえある。

こうしたことに気づきはじめた経済学者は増えており、ここからいろいろな結論が引き出せる。一つには、世界の幸福が増すには富裕層から貧困層への富の再配分がもっと行われればいい。貧困層は富裕層より収入増の恩恵を大きく受けるからだ。だが、それだけでない。豊かな国の政府が中心的な目的としていること、つまり国家の富の最大化のあくなき追求は、まちがった目的かもしれないのだ。

このことは、最大限に解釈すれば、従来の政治的・経済的思考法の根本的な見直しにつながる。最小限に解釈しても、外交の従来の前提、つまりどの国でも「国益」の中心は輸出と成長の最大化にあるという前提が、成り立たないことを示している。

安全保障上の「国益」

一般に、国家が代表すると考えられている重要な「国益」の二番目は安全保障だ。通常、その国の市民に安全を提供する責任として語られる。国がなすべきこととして非常に広く受け入れられているので、国家と世界のシステムについて考えるとき、トートロジーとまではいかなくても、一つの公理になっている。「国家は市民に安全を提供するために存在する。ゆえに国家は市民に安全を提供しなければならない」

でも、このトートロジーに近い公理のなかに、果てしなく循環する論法がかくれているのではないかと考えてみる余地がある。「国家は安全保障を提供するために存在する。だから、国家が存在するためには、国家の存続に対する脅威があること、そのため国家が絶対に必要なものであることを、たえず証明しなければならない」――

国家のもともとの存在理由として、西欧のほとんどの大学で教えられているのは、市民に安全を提供するためということだ。国家がなければ混乱状態になる。外交についての主な学術書のどれにも、この前提は書かれている。イマヌエル・カントも『永遠平和のために』〔宇都宮芳明訳、岩波文庫、一九八五年〕のなかで、彼の時代にすでに信じられていた前提をくり返した。それは、自然状態――すなわち国家がない場合、世界がどうなるか――は果てしなくつづく戦争と無法状態だということだ。だから国家は絶対に必要であり、国家が何を求めるかを仲介する人間もまた絶対に必要である。

むずかしく考えなくてもすぐわかる。国家のエリートにとって、自分を不可欠な存在とすることは、（彼らの言葉を使えば）利益になる。だから、「国家が脅威にさらされている」とたえず証明しつづける。さらに危険なことに、エリートたちは国家に対する脅威をあおるような行動を実際にとることもある。一つの方法は、国際関係の競争的、あるいは現実的なモデルを強調することだ。国益が互いに作用し、どうしても競合してしまう世界。それは弱肉強食の世界だと彼らは言う。食うか食われるかだ、と。

政府エリートが国家に対する脅威をいかに誇張したかという例はたくさんある。冷戦時代、CIAはソ連経済の規模と軍事生産に回せる財源について、少なくとも一つか二つの要因で過大評価していた。最近では英米両政府が、両国の国民に対するイラクの脅威の程度を誇張した。他の理由によるとしか言えない戦争を推進するためだった。[06] 後者の場合、両国の存在そのものに対する脅威を証明できなかったので（フセインも、英米の国土に被害を及ぼす兵器は持っていなかった）、両国政府は、イラクが自分たちの「国益」に対する脅威であると表明した。ただし「国益」は一度もはっきりと定義されなかった。

脅威の誇張は、外交の世界に今日これほど広まっている、競争的なモデル――「現実的」なモデルと非常に強い関係がある。もし別の考え方をしたりすれば――たとえば、経済や安全保障という「国益」が国の政策的関心の主要部分でないかもしれないと言ったりすれば――即座に政策担当者のサークルからはみ出してしまうことになる。

もし、あなたが外交エリートの一員で、たとえばイギリス外務省とかアメリカ国家安全保障会議とか、またアメリカならいずれ国家安全保障会議に入るような人間が集まっているシンクタンクのどれかにいるとしたら、「現実的」な考え方にすでに染まっているだろう（そうでなければ、こうした場所でのキャリアは長くないと思ったほうがいい）。「国益」という用語で美化しつつ、自国が何を求めているかを要約するときに使う単純化は（通常、実在の人々の意見に照らして修正されることはない）、他の国家について考えるときにも使われがちになる。われわれはこれを求め、彼らはあれを求める。――このモデルは、どうしても競争を強調する。無限の豊かさをもつ世界でないかぎり、すべての要求が実現することなど不可能だからだ。さらに、秩序が明快さを求めるものである以上、われわれと彼らの両極に分ける傾向は、どうしても助長される。サルトルが言ったように、僕たちは何に反対するかによって定義される。

国民国家の間で、思考法とふるまいの根深い習慣となっているこの競争的モデルは、新しく外交シーンに登場した人物にとっても自明のことのようだ。外交の世界に比較的新しく仲間入りしたブラジル大統領ルイス・イナシオ・ルラ・ダシルバ。二〇〇三年六月、主要国首脳会議（G８）への出席の準備をしながら、彼はまもなく会うはずのリーダーたちについてコメントした。「政治家はサッカーの監督に似ている。監督同士は仲がよくても、だれでも自分のチームを勝たせたい。シラク、ブッシュ、ブレアは僕のことが嫌いではないかもしれないが、自分の国の国民のことで頭がいっぱいなんだ◇07」。イギリスの新聞各紙では、サミットや国際会議は外交サッカーの試合のように扱われる。「思いどおりのプレー」ができたかどうかを基準に、成功か失敗かが判定される。

価値観

何が外交を動かしているかをめぐって、ずっと異論が多いのがこの領域だ。今日では、イギリス外交が第一に「関わる」ものは「価値観」だと主張する人も多い（外務省の年次報告やウェブサイトでこうした主張を見るだろう。閣僚談話にもこうした主張はくり返し現れている）。アメリカのリーダーはもっと率直で、アメリカの使命は自由と民主主義をはじめとするアメリカ的価値観を広めることだという。この「ポスト・モダン」の国際秩序の時代に、価値観は、従来の国益の指標よりはるかに重要な外交の原動力だ、と語る評論家もいる。価値観が重要性を増してきたのは、国に代わって国際秩序の主要な単位となった超国家的機構（主要例はＥＵ）の発展と並行している。◇08

イギリス外交でのキャリアの初日から教えこまれることは、自分たちが「イギリス的価値観」を代表する、ということだ。一見すると、これは民主主義とか、説明責任とか法の支配、市場開放といったシンプルなものだ。最近になって、人権擁護が「われわれ」の推し進める「価値観」のリストに加わった（少なくともいくつかの場所では）。

外務省に入る前、イギリス的価値観とは何かを深く考えたことは一度もなかった。そんなことを要約しようとするのはばかげていると思ったことだろう。外交官として約六年たって、イギリスとヨーロッパの若手の「世論形成層」――ジャーナリスト、労働組合指導者、公務員など――の会議に出席したときには、この慎みはなくなっていた。それはあまり多様性のあるグループではなかった。作家、画家、音楽家はいなかったし、白人以外は少数で、多くは都市住民、中産階級。きわめて恣意的に集められた「世論形成層」――エリート層を対象にしたものだった。

質問が出た。「イギリス的価値観とは何か」。政府の世界観を無批判に追従することにすでにすっかり染まっていた僕は、無謀にも答えを出した。「良識、寛容」（ありがたいことに、「フェアプレイ」といった覚えはないが、言っていてもおかしくなかった）。僕は単純にもこの答えが、うちとけた和気あいあいの議論のきっかけになるだろうと思っていたが、反対に一人の参加者によってこっぴどくこきおろされた。彼は、エリート主義、傲慢、近視眼的というような言葉を使った。僕を批判したのは、髪を短く刈り込んだ白人の三〇代の警官で、僕の生まれたロンドン南部ルイシャムが担当区だった。この例を見れば、イギリス的価値観とは何かについてコンセンサスがほとんどないことが端的にわかる。どうやって優先順位をつけ、何に重きをおくかはさらに問題だ。まして、どうやってそれを追求するかにいたっては。

アイザイア・バーリン〔一九〇九〜九七。政治哲学者〕は『理想の追求』〔福田歓一他訳、岩波書店、一九九二年〕のなかで、人類の問題に絶対論的・理想論的な解決を追求する人間に対して、綿密かつ痛烈な批判を展開している。バーリンは、何をなすべきかの決定にあたって唯一の選択肢は、個人の生活でも公の政策でも、苦渋の選択を引き受けることだという。規則、価値観、原則は、状況に応じて程度は異なるにせよ、互いに譲りあわなければならない。加えて、「こうした問題においては、謙虚さがどうしても必要だ」。なぜなら、自分が選んだ道が正しいという保証はどこにもないからだ。

外交政策担当者にこうした慎重さを見出すことはまれだろう。現在、自分たちが純粋に利己的な目的で動いていると言う外交官や政治家はまれだ。だれもが動機として、民主主義の押しつけであれ平和維持であれ（「安全保障」という、どこでも使われる動機だ）、「価値観」をあげる。外務省も例外ではない。政策の提案でも、状況への対応を勧告する電信でも、ほとんど例外なく、民主主義や人権などの「価値観」が引き合いに出されているのが見つかるだろう。

「国益」のなかで価値観がいま、上位に現れてきたのは悪いことではないと思う。もっとも、現実主義的な「いつもの仕事」のことを、もっと聞こえがよくて政治的に正しい「価値観」という言い方で呼ぶようになっただけかもしれないが。問題は、どんな価値観が重要かについて、あるいはそうした価値観が何を意味するのかについてさえコンセンサスがないために、大きな混乱が生じてきたということだ。

「民主主義」のような比較的シンプルな概念でも、代表制の形態によってどちらが民主的と言えるのかといった議論がなされている。「自由」の概念になると、さらに異論が出てくる。「安定」とか「安全保障」といった他の曖昧な目的を放り込めば、どれがより重要なのか、こうした用語が実は何を意味するかについてさえ、まったくの混乱状態に陥りかねない。

結局、ハンプティ・ダンプティがアリスに言ったように「言葉を使うときは、こういう意味だと決めたことがその言葉の意味になる。それ以上でも以下でもない」。そうなると、外務省のような場所では、価値観とは何か、それにどのような優先順位をつけるかを決めるのは、きわめて主観的な判断に全面的に頼ることになる。

僕もほとんどの人と同じように、自分のことを道徳的な人間だと思いたい。でも、理論上は「イギリス的価値観」を代表することになっているイギリス外交の名のもとに、嘘をついたことも、だましたことも何度もある。外務省を離れたいまでは、イギリス人の価値観が何なのか知っているなどとは言わない。他のだれにせよ、知っていると言えるかどうか疑わしい。民主主義、公正さ、良識といったことはあげられるし、イギリスで多くの人がこういうものを大切にしているということに異論はない。でも僕は「知って」はいない。イギリス以外の国で、イギリス的価値観とは何だと思うか訊いてみれば、こちらがうろたえるような返事が返ってくるかもしれない。ボスニアのムスリムに訊けば、僕が「世論形成層」会議で出したのとは違う答えを出すだろう。イギリスのムスリムに訊いたらどうだろう。でも、言うまでもなく、イギリス外交に携わる人間はだれひとりとして、イギリス的価値観とは何かを、他の人々、外交官が代表しているとされる当の国民にさえ、訊いたりはしない。◇09 外務省に入ったその日から、もう知っていると考えるよう求められるのだ。

「われわれ」の勝利

イギリスのように、相対的に開かれた民主的な国でも、ふつうは、経済的国益、安全保障上の国益、価値観の三つの構成要素が混然一体となって、外交的な計算を支える前提という主観的なものができている。

そして西サハラについて、僕がこの問題に関わる前も関わりはじめてからも、イギリス外交が採用してきたのはこの種の分析だった。それ以来、外交的状況はまったく変わっていない。住民投票が行われる見通しは相変わらずほとんどなく、国連からも加盟国からも、モロッコに住民投票を迫る何の圧力もかけられていない。サハラウィ難民はキャンプにおかれたままだ。

ここでは「価値観」は、国益をはじき出すのに使われていない。文書を（三〇年後に開示されたときに）細かく読めば、政府内の政策分析で「現実主義」「実際主義」といった考え方に重きがおかれていたことが明らかになるだろう。西サハラの場合、貿易や安全保障という、より伝統的な国益によって、モロッコ政府との対立回避という路線がとられているわけだ。モロッコ政府との対立はイギリスの貿易をあやうくしかねない。さらに、モロッコ政府は「対テロ戦争」でイギリスの「同盟国」の一つになった。アムネスティ・インターナショナルによれば、モロッコは、イスラムテロリスト「容疑者」を、多くの場合は裁判や弁護士との接触なしに、拘束することに手を貸したのだ。◇10 このようにして僕たちの安全保障上の「国益」は強化されている。アメリカにとっても事情は同じで、「特別引き渡し」として知られるプログラムで、テロリスト容疑者を尋問のためモロッコへ送ったと言われている。明らかにこの場合、僕たちの「価値観」は、他の二つの国益ほどがっちりとは守られていない。

現実政治《リアルポリティーク》の身もふたもない例を表すのに「われわれには関わりのないことである」という言葉を使ったのは、我ながらなかなか的を射ていると僕は思っていた。不名誉ながらよく知られているように、これは、一九九二年にジェームズ・ベーカーが使った言葉だ。崩壊しつつあったユーゴスラビアでの戦争に介入することはアメリカにとって何の国益にもつながらないと宣言したときだ。僕は、皮肉を込めてベーカーの言葉をくり返したつもりだった。でも、僕の選んだ言葉に皮肉があったとすれば、笑われていたのは僕だった。電信はイギリス外交だけではなく、僕自身にいつのまにか染みついた、冷ややかな無関心を露呈するものだったからだ。

ふり返ってみると、この時期に僕の中で「われわれ」が「僕」に対して勝利を収めたことがわかる。個人的な価値観が「イギリスの国益」という集団思考に吸収され無力化された。当時も今も、西サハラ問題について意見を求められればこう言っただろう。「サハラウィの人々に対して、大変な不正義が行われようとしている。国益を度外視してモロッコに圧力をかけ、サハラウィの民族自決権を認めさせる国が一つもないために、サハラウィの権利が無視されようとしている」。でも、これは僕が電信に書いたことではなかった。その代わりに「われわれには関わりがない」と僕は書いた。上司たちは電信にOKを出してロンドンへ送ったのだから、まちがいなく同じ意見だった。他の大使館や代表部からの電信も、多かれ少なかれ同じことを書いていた。もし、サハラウィの人々がひどい目にあっている、何かをするべきだと書いていたら、僕の下書きは、もっと「現実的」になるように、「感情に流されるべきではない」というコメントとともに、突き返されていたにちがいない。

この話のやっかいなところは、ほとんどの同僚も、代表部西サハラ問題担当者もみんな、まちがいなくひどい不正義を感じていたということだ。みんなの個人的な共感はサハラウィの側にあった。この問題の議論をするたびに互いにそう言いあった。西サハラ問題国連特使でさえ、自分が話をした外交官はほとんどみんな同じ思いだったと後で言っている。でもだれひとりとして、公式の電信や議事録、手紙ではそう言わなかった。それを言うことは「ナイーブ」で「非常識」になるような気がしていた。僕たちの自我はもっと大きなアイデンティティに吸収されていた。そのアイデンティティでは、僕たち一人ひとりが何を考えるかはほとんど関係なく、ただ、僕たちみんながこう考えるべきだと思っていることだけが重要だった。[11]

それ以来、「イギリス」の求めることについて判断する「われわれ」とは何者なのか、とよく考えた。関わった外交官でさえ、不正義が見て見ぬふりをされていると感じたとすれば、「一般の」イギリス市民がこの問題を知ったら、どうだっただろう。人道的な悲劇よりも輸出のほうが重要だというのが一般市民の反応だったのだろうか。ほんとうのところ、僕にはわからない。「われわれ」の国益について電信に書いたときも、もちろんわかっていなかった。イギリス国民は考えを訊かれたことは一度もないし、これからも決してないだろう。

理論上では、人々の望みは議会を通して取りつがれ、議会では議員が閣僚の説明責任を求めることになっている。ただ米連邦議会と同様、英下院の対立的性格からして、どの党派も、西サハラのようなあまり注目されない問題よりも、イラクやユーロのような、議論の盛んな問題に焦点をあてがちになる。西サハラのことを知っている議員はまれで、まして下院に問題提起したり、閣僚に手紙を書いたりする議員はさらに少ない。もし西サハラ問題を提起した議員がいたとしたら、閣僚からは、僕のような官僚が準備した、分別くさい、決まり切った答弁[12]を受けるだろう。運がよければ、短い追加質問を一つする機会があるかもしれないが、それだけだ。

しかし安保理の常任理事国としてイギリスの役割は重要で、その気になりさえすれば、決定的な役割を果たせる可能性もある（冷めたインサイダーとしてではなく、不満をもつ運動家としての発言だ）。アメリカでは、モロッコに影響を与えられる大きな潜在的可能性があるにもかかわらず、西サハラ問題はほとんど議論されてもいない。

民主的な意見がなければ、あとは、「われわれ」の政策を仕立て上げるのは、多かれ少なかれ官僚にまかせられる。閣僚は決定権を持っており、究極的な責任は彼らにあるが、彼らに示される選択肢はすべて、ここまで書いてきたような思考にもとづいている。「国益」とは何かについての例外なく主観的な評価から、「われわれ」国家の求めるものがはじき出される。サハラウィの苦しみが見逃されるわけではなく、官僚も閣僚も憂慮はしているように思えるが、他の要因ほど重きを置かれない。

教訓は明らかで、気がめいるものだ。サハラウィは、正当な権利があっても、外交の場で彼らの状況を扱う人間の個人的な同情を得ているだけではだめなのだ。国家にとって重大なものごと、「国益」、「リアルポリティーク」として考えられるだけの重みを、なんとかしてもたなければならない。だから、外交の従来の論法のなかで隅に押しやられたサハラウィのような集団が、注目を引くためにもっと暴力的な手段に訴えたとしても、あながち不思議ではないのだ（彼らはいまのところそうではないことを明記しておく）。

第7章 道義的責任

われわれは抽象的諸観念なしに思惟することはできない。したがってわれわれの抽象方式を批判的に修正するさいに十二分に注意を払うことがきわめて大切である。この仕事にこそ、哲学は社会の健全な進歩に不可欠なものとしてその使命を見出すのである。哲学は抽象的諸観念の批判者である。流行の抽象的諸観念を突き破って進むことのできない文明は、きわめて限られた進歩の期間の後に、不毛に陥るほかない。

——アルフレッド・ホワイトヘッド「科学と近代世界」

［『ホワイトヘッド著作集』第六巻（上田泰治・村上至孝訳、松籟社、一九八一年）所収］

君主、特に新しい君主は、人間が良いと考える事柄に従ってすべて行動できるものではなく、権力を維持するためには信義にそむき、慈悲心に反し、人間性に逆らい、宗教に違反した行為をしばしばせざるを得ない、ということを知っておかなければならない。それゆえ君主は風のままに、運命の変化の命ずるところに従って自らの行動を変更する心構えを持つ必要がある。

――ニッコロ・マキアヴェッリ『君主論』［佐々木毅訳、講談社学術文庫、二〇〇四年］

大使の生活

大使は、外交官のキャリアの集大成だ。[◇01] 生涯そのために準備してきた。国から勲章や称号という栄誉を受けられるし、引退後も増えるのはまちがいない。周りからはおのずと「サー」と呼びかけられる。

エレガントで控えめな服装が、大使という人種のスタイルを反映する。仕立てのいい黒っぽいスーツは一部の隙もなく合っている。オーダーメイドだ。シャツにはしわ一つなく、襟は真っ白でピシッとしている。ネクタイは華やかだが奇をてらってはいない。靴下に穴などあいていない。ただ、ささやかな自己表現として赤いことはあるかもしれない。

人当たりは柔らかいが、威厳がある。一見して、あなどりがたい人物だとわかる。思慮深いのだ。眉をひそめることはあっても、しかめ面は決してしない。語気を鋭くすることはあっても、声を荒げることはない。中庸が彼の態度だ。すべてにおいて、中庸。

大使は外交官の理想像だ。若手外交官は元気が余って、笑ったり（ときには）叫んだりすることもある。大使はそんなことは決してしない。そこに至るまでの年月の間に、どんな感情でも抑え、言わなければならないことだけを正確に効果的に口に出すことを学んだ。多くの言葉が必要とされる場合以外、言葉が無駄に発せられることはほとんどない。

何より、大使はプロフェッショナルだ。外交官会議の議長を務めるのを見た。他の人が話す間はうなずき、傾聴していることを示すようにする。話が終わると発言に礼をのべる。自分が口を開くときは低い声で話す。声に深みがあるといっそうよい。みんな耳を傾ける。

同意しないときも「それは違う」と言わずに「それもそうですが……」と言う。だれに対しても、反感をもたれたり、相手にしてくれなかったと文句を言われたりするようなことはしない。個人的な違いを仕事に持ち込むことはない。魅力的で、ていねいだ。でも僕も同僚のだれも、大使から好かれているのかどうか、ほんとうのところはわからない。

大使は頂点に上り詰めた外交官、国益が入る器だ。世界を旅し、多くの国々に住んだことがある。六カ国ほどの言語で「こんにちは」と「お元気ですか」が言える。もっと言えるかもしれない。だれも決してわからない。

厳しい外交、戦争と平和をめぐる協議の日夜を、僕はずっと大使とともに過ごした。彼を理解しようとしたが、できなかった。ある夜、戦争が始まり、初めて興奮のきざしを彼のなかに見た。炸裂する爆弾や戦闘機のテレビ映像に見入る彼の瞳は輝いていた。でも、そのときだけだった。それ以外に、彼の表情に見ることができるのは、かすかな微笑だけかもしれない。その微笑みの意味はだれにもわからない。たぶん彼自身にも。

僕は大使とともに、この上なく重要な事柄に携わった。多くの人の命が僕たちの仕事にかかっていた。紛争か和平か。自由、民主主義、人権、人々の苦しみといった重大な問題が。でも、僕が不信感と疑問の渦のなかにいたとき、大使は泰然自若としていた。僕はその落ち着きにあこがれ、深い知恵の表れだ、としばらくは思っていた。

政府は大使に大型の高級車と運転手を与える。運転手にはいつもていねいだ。公用車は折々に国旗を掲げる。大邸宅に住み、使用人が食事を用意し、寝室を整える。でも自分の家ではない。だれにでも合い、「人に嫌な感じを与えない」設計。歴史にまつわる絵画(複製)と上品な壁紙におおわれ、何の個性もうかがえない。後ろに何もないからだ。個人の考えでデザインされたのではない。だれもその家を愛していない。だれにとっても家庭ではない。

邸宅にはひっきりなしに客が訪れる。「海外」を訪れる自国の公式訪問客。たびたび開かれるレセプション、昼食会、晩餐会。ウェイターは礼儀正しく慇懃で、いいワインの給仕の仕方を知っている。とはいえ極上のワインではない(政府予算の関係だ)。料理はおいしいが、最高ではない。家具は立派だが、すばらしくはない。何しろ多くの客をもてなさなくてはならない。そして数年で新品と取り替えられる。ちょうど大使と同じように。

大使のオフィスが大使館だ。美しい建物もあるし、殺風景なのもある。だが世界のどこにあろうとも、大使館のなかには自国の雰囲気が漂っている。女王の肖像が壁を飾り、廊下には自国のアクセントが響く。衛星テレビで見る、最近の連続ドラマやサッカーの試合情報。大使の執務室は、スタッフのとは少し違う。広々とした部屋に、迎え入れられる多くの客が腰をおろす、居心地のいいソファ。重要な場所らしい静けさがある。秘書たちのおしゃべりとキーボードをたたく音は、外の控えの間に追いやられている。大使を訪ねれば、すかさずお茶が出されるだろう。

湾岸戦争と「緊急事態ユニット」

外交に携わる人間の道義的限界がどこにあるのか、戦争ほどあぶり出すものはない。

一九九〇年夏、イラクはクウェートに侵攻した。ある日の午後、同盟軍がクウェート奪還の準備をしているころ、僕は西ヨーロッパ部局の眠気を誘うオフィスで電話を受け、「戦争行動」に加わるよう呼び出された。「緊急事態ユニット」と呼ばれていた、政治・軍事の連携にあたる部署を動かすスタッフが必要だったのだ。

緊急事態ユニットはイギリス政府の建物の地下に並んだ、いくつかのオフィスに設けられていた。いったいなぜそのように地下におかれる必要があったのか、僕にはついにわからなかった。イラクのスカッドミサイルが地上のオフィスを破壊する恐れはなかったからだ。自然光が差し込まないこと、ダイヤル錠のかかったドアをいくつも抜けて部屋まで降りていかなければならないことが、「緊急事態」の感じを強め、盛り上げたのはまちがいない。ユニットのチーフは、一二時間勤務、二四時間休暇というシフトをすぐさま導入し、危機と混乱の感じを高めるのに一役買った。(ユニットには二四時間体制で人員が配置されていなければならなかった)。職務開始から二日ほどで、僕は睡眠のパターンが乱れてへとへとになり、ユニットを出て地上に顔を出すとき、昼夜の感覚がなくなっていた。

僕の仕事は、小さな部屋に座って大量の機密情報報告を読み、上級官僚と閣僚のために要約することだった。もちろん、とてもおもしろい仕事だったが、まもなくわかったことは、「秘密情報」ほど現実との関係が薄い情報はまずない、ということだった。迫る核兵器使用(核弾頭を搭載したミサイルの発射に要する時間を算出した報告があった)、イギリス人戦争捕虜の拷問(目撃者とされる人物の報告で、拘束された英軍パイロットがピックアップトラックに鎖でつながれてバスラの通りを引っ張られたというのがあった。ありがたいことに、こうしたことは一度も起きていない)などについて、背筋の寒くなる報告をしばしば読んだ。こうしたことを上司に伝えると、「ご苦労さん、助かるよ」というようなことを言われたが、こういう情報が何の役に立ったのか言われたことは一度もない。ふり返ってみると、外務省は戦争の軍事的遂行にはまったく関わっていなかったのだから、まったく役に立たなかったのではないかと思う。

他の仕事もあった。戦争突入前、略称「政・軍」ユニットの疲れ切ったメンバーはみんな、クウェート奪還作戦が始まったとき何をすべきか、指示を受けていた。上級官僚から電話が入り、パスワード「ミカド」と作戦開始予定時間が告げられる（もしイラクの情報組織が盗聴していても、僕たちのことをオペラファンだと思うはずだ）〔『ミカド』は、ギルバート・サリバンによるイギリスの人気オペラ〕。パスワードが告げられたら、閣僚一人ひとりに電話で知らせる。

そして、あの一月の夜がやってきた。僕はもう一人の職員とともに勤務についていた。たいしてすることもない、いつもの夜だった。支給された、げんなりするような夕食を終え、またテレビを見ながら一晩過ごそうとしていた。突然、ＣＮＮがバクダッドでの爆発と発砲のリポートを始めた。すごいぞ、と僕たちは考えた。たぶんクーデターだろう。というのも、だれも電話でパスワードを伝えてきていなかったからだ。数十分たってから、電話が鳴った。「ミカド」と機械的な声が言い、三十分ほど後の時間を告げた。僕たちは大急ぎで閣僚に電話した。指が震えてボタンが押せなかった。僕はこの上なく深刻な外務省用の声を出し、「大臣、こちら外務省の緊急事態ユニットです。クウェート奪還作戦が開始されました」と言った。閣僚のほとんどはていねいに礼を言ってくれた。一人はこう言った。「ありがとう。もう知っているよ。テレビで見ている」

緊急事態ユニットには大きな部屋が一つあり、相談電話、つまり、何か問題があったり、ただ不安になったりした一般市民からの通話を受ける電話が並んでいた。意外性を損ねないよう、ユニットのスタッフはだれも、戦闘がその晩に開始されることを知らされていなかった（それどころか、「ミカド」のこと以外、だれも何も言われていなかった）。だから、そこにはだれもいなかった。僕たちは部屋へ駆け込んだ。すべての電話が猛烈な音で鳴っている。壁には、つながらなかった通話の数を示すカウンターがあった。ストップウォッチのように数字がどんどん変わっている。僕は手近の電話を取り上げた。ヒステリックな女性の声が叫んだ。「主人をそんなところから逃がして！」サウジアラビアか、湾岸のどこかのことだった。別の電話も同じだった。僕はユニットのチーフに、どんなアドバイスをすべきか訊いた。「公式のアドバイスは『姿勢を低くして、危険を避けてください』だ」と彼は言った。僕は、パニック状態で電話をかけてきた人たちにそう言った。ほとんど役に立たなかった。

戦争は、プライベートでの僕の存在にも華々しさを加えた。ポケベルの携帯を義務づけられていた僕は、社交の場でそれが目につくようにしておいた（「いつ呼び出しがかかるかわかりませんのでね」）。期待どおりにだれかが気づいたとき、僕はもったいぶって言った）。夜のシフトが終わって、政府の建物から明け方の薄闇に出て行くとき、自分が「歴史」の大きな舞台の一幕にいるかのように感じていた。

そして、たしかに僕はとるに足りない形でそこにいた。同盟軍の戦闘機が、ナジャフとカルバラのシーア派の聖地を破壊したという報告があった。僕はメディア対応用の一文を用意し、「文化的に配慮を要する」場所に被害を与えるのを避けるよう、英軍機がいかに細心の注意を払っているかを書いた。説得力のある、よくできた文章だった。言っておかなければならないことがあるとすれば、「われわれ」の戦闘機がそのような注意を払っているのかどうか、僕はいっさい知らなかったということだけだ。ロンドンの英空軍にも、もちろん現地の英空軍にも訊かなかった。ただ英空軍はそうしていることになっていた。しかし実際に「知っていた」ことだけから考えれば、ムハンマドの孫イマーム・フセインの墓廟の真上に爆弾が落ちたとしてもおかしくなかった。それでも僕はメディア用の文章を書き、閣僚やコリン・パウエルまでが、自信たっぷりにそれを使った。

自陣に身をひそめた僕はプロパガンダの技法を身につけ、駆使した。戦争突入前、同盟国政府はイラクの脅威の恐ろしさを宣伝した。僕は、西ヨーロッパ各国軍を合わせたよりも、イラクのほうが主戦車を多く持っているとはじき出した（ある特定の数え方で数えているかぎり）。閣僚の一人（もしかしたら首相）が、「イラク軍は世界第三位の軍事力を持っている」と発言した。ジャーナリストから問い合わせがきた。それでこの発言を「証明する」仕事が僕に課せられた。僕は迷わずジェーン社の「世界の軍隊」データベースを参照し、必要な計算を行った。首相の発言は、イラクの膨大な数の予備役を数に入れ（一〇〇万人以上に上った）、他の第三位候補国の予備役は数に入れずに計算することでようやく「証明」できた。心配はいらなかった。イラクが世界第三位の軍事力をもつという「事実」は、一つの擬似事実となって、ほとんどだれもが信じるようになり（わざわざ本を読むような人々を除いては）、何度もくり返されるというだけで正しいと認められることになった。

「砂漠の嵐」作戦は進行した。ユニットのメンバーの何人かが地下のオフィスの壁に、同盟軍とイラク軍の配置を示す大きな地図を貼った。機密情報が届いたりCNNが動きを報道したりすると、小さな旗とマークを地図のあちこちに動かした。彼らは好きでやっていたのだと言えるだろう。実際の軍事作戦にはどのような形にせよ関わっていなかった僕たちには、地図など必要なかったのだから。学校で戦争ゲームをやって、ヨーロッパの大きな地図の上で、小さな段ボールの六角形をしたロシア軍師団を東部戦線に集結させ、ドイツ軍と対峙させたりした、あのときの楽しさを思い出させるものだった。

ユニットではこんな任務もあった。僕の机の後ろに古くさいベークライトの電話が並んでいて、ときどきそのうちの一つが鳴り出すと、それを受ける。電話の向こうの声が「スカッド（ミサイル）がダーラン（かテルアビブかどこか）に向け発射された」と言うと、僕は「了解」と言って受話器を置く。それからユニットに、スカッドがテルアビブに向けて発射されたと告げ、僕たちはみなCNNをつけて、テルアビブ市民が急いでガスマスクをつける様子を見る。それ以外には電話の目的はなかった。

もちろん、興奮と同時に恐怖もあった。僕たちは、イラクが化学兵器や生物兵器、あるいは核兵器さえ使用しかねないことを示唆する、さまざまな情報源からの情報を山ほど見ていた。このスカッドミサイル発射が恐ろしい破壊をもたらすものでないかどうか、まったくわからなかった。ある夜など僕は、イラクが核弾頭を搭載したミサイルをイスラエルに向けて発射する予定時刻をはっきり示した報告を読んだ。その夜は緊張が高まった。

遠く離れてしか経験しない戦争だったとはいえ、そこに一種の「現実感」があったことは否定しようもない。そこには熱気と迫力があった。ユニットにいる官僚の目は、不規則な勤務時間にもかかわらず、生き生きと輝いていた。人は戦争に関する仕事をするのが好きだ。スタッフは勤務時間でないときでさえ、ユニットに姿を見せた。彼らに仕事はなかった（実のところ、たいていの場合、僕たちのだれにもほとんど仕事はなかった）が、明らかに、その「行動」の一部でいたがっていた。一人の上級官僚は、職場にやって来て、仕事のためにいかに自分たちの結婚生活が破綻しつつあるかとか、娘の誕生日にいてやれないとかいう話をするのを最高の喜びとしていた。でも彼はそこにいる必要はなかったのだ。恥知らずなマッチョイズムもあった。イタリア軍が投じた五発の爆弾のうち、気の毒にも一つしか目標に到達しなかったというニュースを聞いて、僕たちはみんな、男らしく豪快に大笑いした。

緊急事態ユニットのウサギ穴にいた官僚は、僕も含めてみんな、当時は、そしておそらく今も、すべてがまったく真剣だったと言うだろう。でも、感覚の奥底では楽しんでいたことに多くの人間は気づいているのではないかと思う。戦争の興奮に匹敵するものはない。特に、自分にまったく何の危険も及ばない戦争のときには。

なぜ人は、特に男は（僕がそうだったように）紛争の興奮にひきつけられるのだろう。その理由を支離滅裂なプロセスで理解するようになるのと同時に、僕は一つのおかしな分断思考に気づきはじめた。

ある夜、英軍のトルネード戦闘機のパイロットがテレビのインタビューに応じていた。自分がしていることが正しいかまちがっているか、どう思うか、と訊かれた彼は、自分はただ「政治家」の求めることをしているだけだ、と答えた。彼自身の言葉を使えば、「なぜとか何のためとかいうこと」を考えている時間はない。ただ仕事をしただけだ。僕は彼の発言について考え、僕たち官僚もまた、実際に爆弾を投下する人間ほど目立つ形ではないが、同じ立場にあることに気づいた。戦争という事業に関わってはいたものの、僕たちはだれも、ほんとうの意味で責任を感じているようには思えなかった。

二〇〇三年のイラク戦争中、イギリスの官僚たち（僕の元同僚）は、戦争には全面的に反対だと僕に言った。それでも、彼らは戦争の実行に全面的に関わっていた。もちろん彼ら自身はそうは言わなかったが。彼らの論理の究極的な結論はこうなる。道義的責任があるのは、戦争参加を決定する閣僚だけだ、と。

この居心地のいい思い込みに疑問を呈する理由がある。このような論理は、国際法の発展に逆行するものだ。第二次世界大戦中のドイツの戦争犯罪を裁くニュルンベルク裁判以来、「命令に従った」というのは、正当な弁解にならないと国際法は強調してきた。イギリスの対イラク戦争で戦争犯罪が行われたと言うつもりはない。だが、官僚や軍関係者の多くが信奉する論理には、明かに矛盾がある。戦闘機のパイロットであれ、銃後にいる官僚であれ、僕たちはみんな戦争という事業に積極的に関与していた。僕たちの行動が重大な結果をもたらした事実は否定しようがない。

全員ではないにせよ多くの同僚たちが、あのパイロットが語ったのと同じ考え方を共有していたと思う。「戦争を決断するのは〝政治家〟だ。政治家には議会での説明責任がある。自分たち――役人――は政治家に言われたことをする。役人の説明責任は政治家に対するものだ。それ以上の道義的説明責任はない」

しかし、この論法は、基本的な倫理テストを通らない。たとえばカントは、道義的責任は、自分がコントロールできる事柄について発生すると考えていた（もっと宗教的な人にとっては、神がすべてをみそなわしたもう、ということになる）。パイロットも官僚も、不参加という選択肢があったという点で、自分で状況をコントロールできたと言える。政策への協力を強制されているわけではない。辞職することもできる。その選択肢を選んだことで報いを受けるかもしれないが、それでもたしかに選択肢はあるのだ。

こうした反論にもかかわらず、理論的に展開されるにせよ、もっと一貫性のない感情的な形で信じ込まれているにせよ、「道義的責任を負わない」という信念は、政府官僚に広く受け入れられている。「言われることをやるだけだ」と。

　この思考習慣は、まぎれもなく「道義的無感覚」という強力で危険なものにつながる。湾岸戦争の緊急事態ユニットでは、感覚の麻痺というよりは、完全な無関心のように感じられた。自分たちの行為の道義的影響について心配するのは、僕たちの仕事ではない、というだけだった。心配すべきだと考えたりすれば、「救いがたくナイーブ」だとみなされただろう。特に一部の上級官僚にこの傾向が見られた。彼らは長年の経験で感覚が鈍っていた。「システム」「政治」の道義的限界が、自分自身の道義的限界になり、個人的な道義的領域と自分の働いている政治システムの道義的領域の間に、区別がなくなっている。道義に反することも軽く受け流される。「単なる政治だ」「世の中こんなものだ」「そういうものだ、慣れることだね」。さらに悪いことに、この道義的無関心は美徳とされている。彼らのように、ものごとを「ありのままに」見る人間は、「現実的」で「老練」とされる。個人の道義的判断や批判をあえて表に出す人間は、「甘い」とか「感傷的」、あるいは単に「未熟」と非難される。

　道義的意識の高さをあまりにたびたび公然と表に出す人間に貼られる、特別なレッテルがある。「行き過ぎ」。この言葉はまた外務省流に、わきまえるべき「分」を言外に匂わせるものでもある。九〇年代、中東の大国に駐在した上級大使で、「行き過ぎ」と言われた人がいた。この大使は、中東での西欧の政策は不正義だと示唆する電信をロンドンへ送った。「パレスチナ人は不当な扱いを受けている」「イスラエルはもっと厳しい非難を受けるべきだ」。彼はたびたびそう言った。この見解の表明に対して、外務省(同僚同士の電話、うわさ話、会議でささやかれた私語）では、彼は「行き過ぎ」ている、あの伝説の美点である「バランス感覚」を失くしてしまった、と言われた。

僕もときどき業績評価で、「行き過ぎ」の注意を受けた。ボンのスタッフ夕食会で議論になったとき、イギリスが第二次大戦中ホロコーストを防ぐために何もしなかったことを擁護した同僚に、僕は反撃した。これは、業績評価報告書によれば、「行き過ぎ」の傾向を示すものだった。僕の評価はこのために下げられた。

この二つの例について指摘しておくべき重要なポイントが一つある。どちらも「行き過ぎ」の傾向が省内、つまり外務省の壁の内側で示されたということだ。上級大使が赴任先の国では自分の仕事をし、政府の政策に律儀に従ったことは、まずまちがいない。ちょうど僕が、公式の仕事では「われわれ」の求めることを追求していたように。それでも、「行き過ぎ」は、危険な性格的欠陥として非難された。

「バランス感覚」と「行き過ぎ」の境界がどこにあるのか、はっきりわかるまでには時間がかかった。「バランス感覚」は、「われわれ」の求めることとやしていることとの大きな枠組みに、決して疑問を呈さないところにある。ささいなことなら疑問を呈し、議論することも認められているが、たとえば、制裁は道義的にまちがっているのではないかと示唆するようなことは、大変に「非常識」だ。それどころか、政策に道義的要素があるべきではないかと言ったりすることは、婉曲的に、ナイーブで素人っぽいと評された。

これは外務省「官僚」の文化だった。これに比べれば、閣僚（つまり政治家）のほうが、ずっと柔軟に、政策の基本について議論したり批判に耳を傾けたりすると僕はいつも思った。人事評価でまたもや「行き過ぎ」のコメントをもらわないように、政治家との接触は非公式でなければならなかったが、接触したときはいつも、政治家たちは聞く耳を持っていた。これは逆説的だ。というのは、官僚は閣僚の求めることに疑問を呈するものではない、と僕は上司からうんざりするほど言われていたからだ。実際には、非公式の場では、閣僚が僕たちに求めていることは、むしろそれしかないと僕はたびたび思った。

国家、安全保障、国益といった「事実」（どれほど疑わしいやり方で出てきたものであろうと）からなる、経験的世界。政策にはその世界を超えるものがあるということを、閣僚は本能的に理解していたように思う。何かの形での「行き過ぎ」は、道義性という非経験的領域に踏み込むことを表すからだ。「バランス感覚」を保つのは、国家制度の世界、現状のままの世界にとどまるのを選ぶことだ。それは統計の世界、イラクが世界第三位の軍事力をもつというようなつくりあげられた統計の世界であり、冷ややかな「現実主義」の世界だ。このような過度に単純化された世界観を受け入れれば、道義的感覚の完全な麻痺を許すことになる。この無感覚は、表明されたり、公に認められたりはしない。上級官僚の目をのぞき込んだとき、うつろな部分が見えた気がしたことがある。魂のどこかが、使わないうちに衰えて死んでいた。

とはいえ、「湾岸戦争[◇02]」のころから、僕がこうした考えにたどりつくには時間がかかった。僕の内部の道義的葛藤は、外部の経験を楽しむうえでの支障にはならなかった。それどころか、葛藤によって、経験は二面性を帯びたドラマになったのだ。

理論と現実

国とその役人が一般市民とは違う倫理観を体現すべきだという考えは、外交の世界では広く受け入れられている。われ関せずと突き放したり無関心に肩をすくめたりするのが、この倫理観の表明だ。「世界はこんなもの」。リアルポリティークだ。

この思考法は古代ギリシャ・ローマ時代にさかのぼる。哲学史上、この考え方の支持者としてもっとも有名なのは、ギリシャの歴史家トゥキュディデス、マキアヴェッリ(特に『君主論』)、ホッブズ(『リヴァイアサン』)だ。最近の現実主義信奉者の代表格は、ヘンリー・キッシンジャーとダグラス・ハード元英外相。ハードは、ユーゴスラビアの崩壊に西側の介入を求めた陣営を指して、「二言目には人助けと言う連中」と一蹴したことで悪名高い。◇03

理論的には、こうした人々の考え方は、国際関係の「現実主義《リアリズム》」と言われる。現実主義者にとって、政治を支配する法則は、年月を経てもほとんど変わらない。いわゆる新現実主義者と古典的な現実主義者の間に多少の違いがあるとはいえ、現実主義の理論はすべて、普遍的な道義原則を疑問視している。「国家は国際関係の機関として圧倒的に重要なものだ」と彼らは言う。集団行動

（たとえばＥＵ）が短期的な合意以上の機能を果たす可能性は低く、競合する同盟の間に勢力均衡が生じるため、国際関係から戦争を根絶することはできないという。「国家的理由」が支配する世界というわけだ。

僕の立場は、国際関係をめぐる、いわゆる「リベラル」な見解より、もう少し広いと考えている。自由主義《リベラリズム》は、現実主義と並んで、西欧政治の思考と実践の主な要素の一つだ。現実主義と同じように、自由主義も豊かな遺産を受け継いでいる。ジョン・ロック、Ｊ・Ｓ・ミル、ジャン＝ジャック・ルソー、イマヌエル・カントなど。一般化はしにくいが、国際問題に、法や人権といった、もっと普遍的な価値観を重視するアプローチを示す。

二〇世紀に発展した自由主義（または新自由主義）によれば、民主的国家と強力な国際機関からなる多極的なシステムによって協調と集団的安全保障をはかることが、安定という課題を解決する最善の方法だという（カントの「永遠平和」を反映している）。現代の自由主義者の多くが、冷戦（二極的制度という現実主義的パラダイム）の終わりについて、政治の唯一の実行可能な様式として、自由主義が最終的に承認されたものと考えた。

こうした思想家の代表がフランシス・フクヤマだ。大きな影響力を持った著書『歴史の終わり』［渡部昇一訳、三笠書房、一九九二年］では、冷戦の終結によって政治史は終着点に到達し、戦わずして自由主義は勝利したと論じた。自由民主主義と資本主義はグローバル化をつづける世界全体に広がる。

そしてこれは理想的な制度でもある。すべての国家が自由民主主義の規範、制度、普遍的な政治的価値に従う世界では、戦争や紛争は無力化する。カント以来、自由主義者が信奉してきた考え方によれば、市民を代表する民主的政府は決して暴力に訴えない。合理的で自由にものごとを考える個人が、戦争を自分たちにとって最善の利益とみなすことは決してないからだ。その上、経済的な相互依存が強まると、平和と繁栄を確保することが、ますます大きな利益になる。

一方、アメリカでは、新しい思想潮流、新保守主義《ネオコンサーバティズム》が生まれた。これは現実主義と自由主義の両方の要素を反映している。古い両派の支持者と違って、新保守主義者は、理論家というより政策担当者や政治家だ。新保守主義が運動としてもっとも顕著に姿を現したのは、「アメリカ新世紀プロジェクト（ＰＮＡＣ）」というシンクタンクだった。その基本原理声明には、ディック・チェイニー副大統領、ダン・クエール元副大統領、元国防副長官で世界銀行総裁も務めたポール・ウォルフォウィッツ、元国防長官ドナルド・ラムズフェルドのほか、二〇人余りのアメリカの著名な政策担当者や学者の名前が並んでいる。

簡単にいえば、現代の新保守主義は四つの重要な外交政策を推進している。アメリカの軍事力の維持拡大。敵対的政権との真っ向からの対決。経済的・政治的自由の推進。アメリカの「安全保障、繁栄、原則」にもっとも適合するような国際秩序の構築。要するに、新保守主義によれば、アメリカの目的と国益の推進が重要であり、それはアメリカにとってだけでなく全世界にとっても恩恵をもたらすものということになる。

政治と経済のアメリカ的理想を推進するという点で、ウッドロー・ウィルソンの自由主義的理想主義をいくらか反映した新保守主義は、モラリスト的な積極外交で、他の保守主義とは一線を画している（たとえば、新保守主義者の多くはユーゴスラビア戦争当時、アメリカはセルビアの民族浄化を止めるために介入すべきだと主張、まちがいなく反現実主義的な立場を支持していた）。また、新保守主義がウィルソンの考え方を引き継いでいるということは、この運動内部の思想的多様性を示している。実際、新保守主義者の多くは、かつてリベラル、あるいはかなり左派的な政治イデオロギーに加わっていた。以前は新保守主義を標榜していたが、いまは離れた人も多い。共通の外交政策をもつことに加えて、彼らはほとんど例外なく、反共で結びついている。「対テロ戦争」と「ブッシュ・ドクトリン」は、アメリカの政策に対する「ネオコン」の重大な影響のあらわれだ。

外交をめぐるどのような議論にも、こうした要素が見られる。道義性か「国家的理由」か、介入かそれとも説得や非軍事的強制か、対決路線か交渉・協調路線か。ここに加わるのは、ソフト・パワー対ハード・パワーの二項対立だ。力には軍事力以外にも多くの現れ方があるという発想から、ハーバード大学教授ジョセフ・ナイが提唱した「ソフト・パワー」は、文化や制度による懐柔を含む。ナイ自身が言っているように、

「力というものの基本概念は、自分が望む結果になるように、他人に影響を与える能力である。これには三つの主要な方法がある。一つはムチで脅すこと、二つ目は見返りのアメを与えること、三つ目は、人を引きつけまたは取り込んで、自分のほしいものを人もほしがるようにすることだ。

人を引きつけて、自分と同じものをほしがるようにできれば、アメやムチを使うにしても安くつく」（『ソフト・パワー』〔山岡洋一訳、日本経済新聞社、二〇〇四年〕）

ＥＵへの加盟や加盟国に認められる有利な条件というアメを通して、他国に行動の改善を促すＥＵの「ソフト・パワー」と、ブッシュ政権の「ハードな」軍事的アプローチを対照させて言うことが多い。

こうした理論は、国際関係を説明するのに役立つため、また最近のネオコンの場合では政策立案に活かすために研究されてきた。しかし、外交の政策立案と実行についての僕の経験をふり返ると、理論の妥当性は限られていると言わざるをえない。外交官の世界観の形成には、現実主義的概念がいまだに大きな役割を果たしている。国家が国益を定め、国益にもとづいて互いに関係を持ち、ときには攻防をくり広げる、という見方だ。一方で、人権や法といった普遍的価値を投影する自由主義的な考え方も、状況に応じて多かれ少なかれ影響力を持っている。でも、こうした理論的説明のすっきりとした統一性は、実際に起こった現実や、その複雑さとは、かけ離れている。

「現実主義」思考に傾き、リアルポリティークに従って国益を決め、選択する政府官僚。いまでも政策立案を支配しているこの「現実主義」と、人権擁護・苦しみの最小化といった普遍的関心にもとづく「リベラル」な感覚（これはイギリスでは労働党政権でも保守党政権でも言えるし、アメリカでは共和・民主両党について言える）。だが、二〇〇三年にアメリカがイラク侵攻を決断するまでには、たしかに新保守主義が重要な役割を果たしたにせよ、第四章で論じたように、それだけが要因ということはありえない。他にも多くの要因が働いていたことはまちがいない。しかし新聞のコラムでは、議論は単純な二項対立に押し込められてしまう。

今日、外交の世界で目にするものは、理論的な枠組みには分類できないものばかりだ。政策担当者は、あるものは歴史的、あるものは文化的、あるものは感情的、あるものは何とも言いようのない、多くの異なる要因の影響を受ける。政策を決定したり担当したりする人間が、（自由主義であれ現実主義であれ）理論という点から世界を見ていると想定するのは、危険な、過度の単純化だ。僕の経験したもっと微妙で複雑な現実からは、こうした理論がはたして説明の役に立つのか、疑ってかかったほうがいいとも思える。要するに政策決定は、理論の与える印象より、もっとランダムで恣意的であり、端的に言って、もっとややこしくて人間的だということだ。

（この現実からくる結論の一つとしてやはり、制度の中にいる人間に対する綿密な調査をもっと行う必要性を強調しておきたい。もし政策決定が僕の言うように恣意的で非体系的なものだとしたら、一貫性のある理論に従うわけではないのだから、制度の中にいる人間が力をふるう余地はそれだけ大きくなる。そのため、彼らの行動を問いただしチェックする必要性も増す。）

これは納得がいく。外務大臣も外交官も、しょせんは人間なのだから。しかし、現実のできごとを概念的な枠組みに合わせたいと思うあまり、理解は深まるどころか、かえってわかりにくくなっている。たとえばNATOのコソボへの介入は「人道的介入」ドクトリンの発展に決定的な重要性をもつ節目とされる。このドクトリンとは、民間人を虐殺や広範囲の抑圧から保護するためであれば、他国政府の意向に逆らって介入できるという考え方だ。ただし、この権利はまだ国際法には組み入れられていない。

ＮＡＴＯのコソボ介入が推し進められるには、このドクトリンの他に多くの要因が働いていた。一つには、ボスニアでの虐殺、特にスレブレニツァでの大量殺戮を止められなかったことに対する罪悪感があった。また、コソボの多数派（アルバニア系コソボ人）がユーゴスラビアのミロシェビッチ政権から受けていた抑圧があまりにあからさまだったという事実や、国を追われたコソボ難民のほとんどリアルタイムの映像が流れたこと、ミロシェビッチの外交的孤立と彼の権力の終焉が近づいているという予感、地上軍を危険にさらすことなく介入できるというＮＡＴＯの圧倒的な軍事的優位、アメリカでの親アルバニア派によるロビー活動の威力、国連安保理と国際法の役割（安保理は介入を承認も非難もしなかった）、ヨーロッパでこれ以上の混乱と大量殺戮を認めることはできないという西欧諸国の考え（アフリカで認めるのはやぶさかではない）、そしてもちろん、関係国首脳の個人的な傾向もあった。この傾向には、道義性や歴史の意味、国民国家をめぐって、あるいは自分自身の心情をめぐって、それぞれの物語が含まれていたにちがいない。こうした要因が重なって一九九九年のある時点で沸点に達し、権力者たちを軍事介入へと動かした。危機が起こったのが一九九六年や二〇〇二年だったとしたら、同じ決定を下したとは到底思えない。そして、この説明でさえ単純すぎる。

議論にひそむ危険

国際関係の議論には、どうしても一般化した用語でとらえたくなる何かがあるようだ。マキアヴェッリが国際関係について書いたとき、彼の世界は、互いに通商関係を持ち、ときに戦争をする国家に分かれていた。それが国際関係のすべてであり、貿易も含めた相互関係は、国家の経済その他の活動の全体からすれば、ほんの一部にすぎなかった。国家間の相互作用が大規模で多岐にわたる今日では（北朝鮮のような、一部の孤立した場所を除けば）、まったく別の話になる。世界は分割できない。ホッブズの思想は、国家間の戦争ではなく、内戦（彼の生涯の間イングランドに吹き荒れた）を避ける必要に迫られたものだった。でも、国家とは何か、国家がなければどうなるかを示したホッブズの思想の影響は、たいていは暗黙のうちに受け入れられている国際関係の基本的前提に、いまも残っている。

　国際関係をめぐる論法の特異な点の一つは、国家とその行動が何か別の次元にあるものとして扱われることだ。まるで「国家」が一般人の領域よりも上にあり、それゆえに別の形の分析と道義的検証を必要とするかのようだ。おそらく、どうしても歴史を単純化してしまって、国家というものを、政策の担い手を抱えた実体であるかのように見る見方を教えられるからだろう。秩序とパターンを求める自然な気持ちも、そのような見方を助長するようだ。僕たちは、歴史を今日まで直線的に進んできた、「進歩してきた」ものとして見るのが好きだ。[◇04] けれども、僕たち人間と同じように、世界には秩序はほとんどうかがえない。二一世紀に入ったいま、過去の世紀のような整然としたところは失われてしまった（整然としていたことなどあったのだろうか）。僕たちの前に広がる世界は、ますます混迷と無秩序の様相を呈している。

ここにも危険が潜んでいる。世界が複雑になればなるほど、その動きは単純なモデルには合わなくなる。そうなればなおさら、モデルに合わせたいという誘惑が起きてくる。ブッシュ政権によるイラク侵攻は、こうした動機によるものだったとする見方もある（一つの見方にすぎない。ブッシュ政権の動機と推定されるものについては、第四章でもう少し長く論じた）。イラク侵攻は、同時多発テロという破壊的な大事件の後、世界にアメリカ的秩序を再宣言しようとした試みだった。この秩序は、二〇〇一年の米国家安全保障会議戦略文書の現実主義的分析を色濃く反映している。反撃すべき国家と脅威からなる世界。侵攻後のイラクがたどった経緯を見れば、こうした分析がいかに不適切であったかがわかる。本書執筆時点で、独裁者の排除は、安定ではなく混乱を広げている。ほとんど国とは呼べない状態になった国で、国民国家以後（あるいは以前）の多くの勢力——宗教、民族、反米感情、原理主義——が、混乱と暴力のなかで相争っている。

だから、今日の世界を国際的に理解するには、国家のふるまいをめぐる理論以上のものがいる。国家は個人の集まりにすぎず、単一のものではないことを頭に入れておく必要がある。国家という集団とそのトップに立つ人間を理解するには、非常に複雑な側面を認めること、国際的な場面での道義的ふるまいについて議論を深めることだ（そうした議論の妥当性を否定するべきではない）。

個人にせよ、集団にせよ、人間の行動の他の形を理解するのに使う道具も応用する。心理学や人類学、そして隠れた動機を解釈するために、意味論や芸術といった、ふつうは使わない手段も使う。環境や天然資源といった物理的条件が僕たちの行動や生活に与える影響を理解するために、僕たちの住む物理的空間についての理解も動員する。こうした要因はどれも、無理やり分けないかぎり、互いに切り離すことはできない。総合的に見ようとすれば、一般的な理論化にはうまくおさまらなくなっていく。だから、こうした多くのシグナルの前では謙虚に、自分たちの解釈能力の限界を意識しておく必要がある。

そして、理論に限界があるだけでなく、言葉や用語それ自体も、常に重要なことをすべて伝えられるわけではない。

第8章 何かが欠けている

むかし、むかし、
初めて議会が開かれた。
そこでは順序よく、発言権が譲られた。
以来、人は口にやわらかな調べをたたえ、努めてきた、
互いのしゃべる喉笛に喰らいつかないように。
発せられた調べがもっともらしく降り注ぐなら
ばらばらの心も、
あるいは一つになりはしないかと願いつつ。

やわらかな調べは
死に行く生き物たちがぼんやりと
自らに向ける憎しみのはざまにある。
やわらかな調べはただ、
存在に組み込まれた暴力を引き受け、
それを真の許しよりも人の社会にふさわしく、
稀有な何かに融合させるためにある。
歴史上これほど美しい仕事はなく、
これほど失敗を重ねたものもない。
それを知りながら、
ギリシャ軍はやって来てアキレスの言葉を聞く。
「和解だ、アガメムノンよ」、そしてアガメムノンの「和解に応じよう」[◇01]

世界の中心で

それはいつもの水曜の朝。僕たちがいるのは、世界の外交の中心にある部屋の一つだった。

国連安全保障理事会。国家と国家の対話の場だ。協議されるのは、死と飢餓、制裁と核兵器、大量殺戮と停戦。ここで僕たちは戦争と平和を調停する。何百万、何千万の運命について検討を重ねる。ここは生殺与奪の力を操る場所だ。宗教から切り離された、僕たちの現代世界の秩序が厳しい試練にさらされる場。これ以上重要な仕事はない。にもかかわらず、何かが欠けている。説明はできないが、決定的に重要な何かが。

長い朝だ。暑くて息が詰まる。部屋は六〇人ほどの人間が詰め込まれるには小さすぎる。平らなU字型のテーブルのまわりに、一五の代表団が詰めて座っている。床に固定された椅子は刑務所の食堂みたいだ。監禁されているような感覚が強まる。明かりは物寂しい。下ろされたブラインドを通して、外の光が幾筋か差し込んでいる。

うっとうしいプラスチックのヘッドホンを通して、代表団は、後ろの一段高いブースに座った通訳の単調な翻訳をぼんやりと聞いている。「……わが国は、関係者がそろって対話に参加し、紛争を平和的解決に導く必要性をもう一度申し上げたい……」。入れ替わり立ち替わり、代表団のトップが同じような決まり文句を口にする。国家、安全保障、平和、戦争、民間人の犠牲。まるで練習を積んだ、くり返しの多い詩の暗唱のように、同じ言葉が彼らの口から流れ出る。僕の頭の中にあるのは、今晩のデートのことだ。何とか集中力を保とうとする。時間は一二時一五分。午前の議題の半分までできたところだ。ということは、いまは大量殺戮の議論をしているのにちがいない。

国連安保理が退屈なものだとは思いもしなかったが、実際そうなのだ。座って、メモを取り、またメモを取る。たばこがどうしても吸いたくなる。ときどき僕たちは、他国の代表団の外交官に目くばせして笑いあい、紙の切れ端につまらない冗談を書いて回す。その日の議題は、いつもと同じ、未解決の紛争と人間の苦しみのリストだ。ブルンジ、イラク、東チモール、コンゴ。リストは長い。

議題が移るたびに、また別のやっかいな議論が始まる。部屋の片側にある白いスクリーンに地図が映し出されている。国連特使か事務局の職員が安保理に現状を説明するため、導き入れられる。「誠に遺憾ながら、ご報告する期間の間、戦闘が続いていたことをお伝えしなければなりません。民間人の犠牲が双方に出ています……」。前列に座っている大使たちはあいさつ代わりにウィンクし、これから始まる協議の間、目を覚ましていようとしている。後方に控える外交官たちは、ボールペンをカチリと鳴らし、ノートを開く。

どの代表団でも、メモと言われているものを取るのは若手外交官だ。きついが、単純な仕事だ。世界中のほとんどの戦争は、ある特定のやり方で記録するかぎり、似たような特徴をもっている。紛争のいろいろな側面は、メモでは簡略化される。多くの死者は「多死」、広範囲の飢餓は「広飢」、継続する紛争は「続争」。

報告が次々と提出され、地図が映し出されては消える。さっきは人が多すぎるルワンダ、今度はシエラレオネ。色覚に障害のある僕には、ほとんどどの地図も単調に見え、近くで見なければ違いが見分けられない。地図が導入されたのは、一人の善意の大使の提案だった。自分たちが協議している国々について、代表団がもう少しよくわかるようにしようという発想だ。大使は大まじめだった。

協議が終わり、ため息とあくびとともに代表団が部屋を出て行く。大使たちはニューヨーク中心部のレストランのどこかで高価なランチ、かけ出しの外交官はサンドイッチで昼をすませ、オフィスに戻って報告を書く。僕はぶらぶらと部屋を出て、たばこを吸い、他の外交官たちや部屋の外で待っていたジャーナリストたちと雑談する。これから書かなければならない報告のことが頭にある。今晩何をしようかとも考えている。

ある意味で、深く吸い込んで僕の肺に入ったたばこの煙のほうが、午前中ずっとやっていたどんなことよりも現実感がある。世界の問題が集まるこの場所にいながら、それらは少しも現実とは思えない。戦争、貧困、大量殺戮。協議している問題は、重大で戦慄すべきことだ。僕たちが話している間に、人が死んでいく。でも、途中のどこかで、人間的な中身がすっかりはぎ取られ、血の通わないものになっている。

想像力を働かせる多大な努力をすれば、存在がかかっている人々のイメージをおおまかに描くことはできる。ルワンダの虐殺の犠牲者、コンゴで反乱軍の進軍の間に虐殺された民間人。しかし、それには限界があり、遅かれ早かれ続かなくなる。心が落ち着かず、疲労感が募り、それに正直に言って、余計なことだからだ。必要なことだけしているほうが簡単だ。

報告書を書き、解決を協議し、家に帰る（僕たちの勤務時間は、スタハーノフ運動［一九三〇年代にソ連が奨励した生産性向上運動］風のニューヨークの基準に照らしても長かった）。そしてゆっくりとだが確実に、戦争、残虐行為、和平案など、こうしたことすべてに対する感覚が麻痺していく。

僕たちはものごとの中心にいながら、肝心の点を外れていたようだ。流血と苦悩に満ちた世界を調停するために手にしている道具は、外交用語、統計、決議といったテクニカルなものだけだった。現実と取り組みながら、僕たちは抽象観念のなかで働いていた。何かが抜け落ちていた。

911以後

その何かは、あの息の詰まる部屋に欠けていただけではなく、外交の論法全体に欠けていた。なぜなら、あの部屋にいた外交官の使う用語と方法には、世界中で、政治家や外交官が外交を実践し、ジャーナリストや学者が外交を論じるときの用語と方法が反映されていたからだ。あの小部屋は一つの小宇宙だった。

ここ数年の激動は、おそらくキューバミサイル危機やベトナム戦争の最悪の時期以来の形で、人々の目を国際問題に向けさせた。

同時多発テロの前、僕はニューヨークに住んでいたが、外交官以外のニューヨークの友人たちに外交の話をする人はほとんどいなかった。したとしても、第三者的な話し方だった。でも、あの恐ろしい日以来、外交の話を避けることはほとんどできなくなった。

多極化や封じ込めといった専門用語やＷＭＤ（大量破壊兵器）やＧＷＯＴ（グローバルな対テロ戦争）といった略称は、かつては外交政策や安全保障政策のインサイダーにしか通じなかったが、どこでも使われるようになった。こうした言葉は、夜陰に乗じる盗賊のように、いつのまにか、何の疑問も持たれずに、僕たちの世界と議論に入り込んできた。

おそらく、外交の考え方を再検討すべきときがきている。

スタートレック

僕は一度、ノルウェーのオスロに短期間配属されていたことがある。

地元の人も同僚も親切だったけれど、当時住んでいたオスロ郊外の、まわりに何もない小さな家で長い時間をつぶさなければならないことがよくあった。車はなかったし、自転車はものすごいピンのついたスノータイヤをつけてはいたが、雪の多い、暗いノルウェーの冬の交通手段にはならなかった。

僕の孤独を慰めるため、上司が『新スタートレック』（またはファンの間では単に『TNG』）のコレクションを貸してくれた［Star Trek: The Next Generation は米国のSFドラマシリーズ。一九八七～一九九四年に放映。宇宙艦エンタープライズ号が宇宙を旅する］。それぞれのエピソードについての彼女のコメントには、それまで『新スタートレック』のなかにあるとは知らなかった、外交についての教訓が詰まっていて、目からうろこが落ちる思いだった。

「このエピソードは北アイルランドのことね」と上司は言った。たしかにそれは、ある惑星で二つのコミュニティが一〇〇〇年にわたって戦争をつづけてきた話だった。話は、乗員のなかでもっともアメリカ的なライカー副長がこう言うところで終わる。

「銃を置こうと決意する子どもがいつかあらわれるまで、平和は訪れないだろう」

ベトナム戦争帰還兵の話もあった。ある惑星の住民が、遺伝子操作された戦士を周回衛星へ追放する。戦闘が終わったいまとなっては、戦士たちは平和な社会に適応できないからだ。この話も少々教訓めいた調子で終わった。

『TNG』のなかでいちばん好きになれなかった登場人物はディアナ・トロイ、艦の「共感者《エンパス》」だった。見知らぬ惑星に近付くと、彼女は目を閉じて指を額にあて、こんなことを言う。

「多くの苦しみと悲しみが感じ取れます」

もちろんこういう感情は、エンタープライズ号の他のセンサーでは感知できない。僕にとって彼女は、見知らぬ惑星の住人と対峙して紛争を解決するうえで、心理学や精神医学の用語を並べただけの優柔不断なアプローチをとる人間の見本のように思えた。もっと厳密で分析的な、ピカード艦長のやり方のほうが好きだった。艦長役は、シェークスピア劇風のアクセントで話す、切れ長の目をしたイギリス人俳優［パトリック・スチュワート］だった（でもなぜ名字はフランス風なのだろう）。

銀河系間の関係を調停する方法として僕が好きなのは、銃と条約であって感情ではない。トロイにまつわるエピソードが始まると僕はテープを止め、もっと男らしいエピソードを探した（ボーグとの最後の戦い、とか）。オスロでの毎日はこうして過ぎていった。

僕にとってカウンセラーのトロイは魅力的とは思えなかったが、彼女は外交の性格についての重要な洞察を表している（あるいは宇宙探査についての、と言ってもいい）。彼女には、通常のデータ収集装置が感知できる範囲を超えた領域に分け入り、解釈する能力があったということだ。

彼女の生みの親であるカリフォルニアの脚本家は、従来の計測装置で測れない領域として、感情のことだけを考えていたかもしれない。しかしもちろん、記録や計測のための装置の性能を超えるところにあるのは、感情だけではない。

語りえないこと

ものごとを記述するすべての装置、すべての用語や言語は、限られたものだ。どのような計測も描写も、ある現象の全体性を完全にとらえることはできない。どんな経験でも、それが実際にどのようなものだったのかを言い表すことは不可能だ。

もう少し正確にいえば、それがどの「ような」ものだったかは言えるが、それが何だったかは決して言えない。僕が一杯のコーヒーを飲む経験は、他の人が一杯のコーヒーを飲む経験の「ような」ものだろう。でも、どれほど生き生きと独創性のある言葉を使っても、「実際の」経験を他の人に伝えることはできない。経験を科学用語に置き換えて、「熱せられた水とコーヒーの分子が舌の末梢神経に触れ、それからカフェインが脳への神経と血圧に刺激を与える」と述べることはできる。コーヒーを飲むところを撮影したり、詩や音楽で伝えようとしたりすることもできる。でも、どんな媒体を使い、どんな用語を選んでも、いつも欠けているものがある。経験を言い表すことは、経験そのものとは違う。

こうしたことは明らかだし、よく知られている。哲学者たちは昔から言語と現実の関係について考えてきた。ルードヴィヒ・ウィトゲンシュタインは、哲学的エネルギーのほとんどを費やして、言語と経験の結びつきを探った。生前に出版された唯一の著作『論理哲学論考』〔中平浩司訳、ちくま学芸文庫、二〇〇五年〕で彼は、言語の限界について、有名な、ほとんどトートロジーとも言える結論を出している。

「語りえないことについては、沈黙しなければならない」

この風変わりな、理解しがたい本で、ウィトゲンシュタインが言おうとしたのはこういうことだ。言語には論理的構造があるものの、その論理的構造そのものを言語で言い表すことはできない。「示す」ことができるだけだ。

言いかえれば、現実と言葉の関係自体を言葉で表すことはできない。言葉の使い方によって示すことができるだけだ。ウィトゲンシュタインは『論理哲学論考』のなかでさらに論を進めて、とても重要なことはほとんど何も言葉で述べることはできない、せいぜい、言語の使い方によって「示唆する」ことができるだけだと言っている。

後の著作でウィトゲンシュタインは別の方針——と言語についてのより幅広い見方——をとって、言葉の使い方を通して言葉の意味を追求し明確にする、という哲学の役割を強調した。しかし、レイ・モンクが優れた伝記◇02のなかで述べているとおり、ウィトゲンシュタインは「一般言語の限界」という自説を決して捨てなかった。

死が近づくにつれて彼は、現代社会が、世界を説明し、世界と折り合いをつけるために、科学という魅力的な道具と用語に頼っていることに、ますます絶望するようになった。彼が生涯を通じて熱心に支持しつづけたのは、音楽、詩、その他の非科学的・非言語的な表現形式を、人間の精神や人間の現実を伝えるものとして重視する立場だった。科学用語も言葉も十分ではありえない。『論理哲学論考』で彼はこう言っている。

「われわれは、科学上のありとあらゆる問いが答えられてしまったとしても、なお自分たちの生の問題には触れられていない、と感ずる。もちろん、そのときには、もはやいかなる問いも残っておらず、正にそのことが答えなのである」

言葉をはじめとする従来の記述装置によって言い表せるものとそうでないもの。この区別に似た区別は、古くから言われてきた。物理的現実の世界と形而上学的世界の区別。合理性と非合理性《イラショナル》の区別。科学の検証可能な確実性と、芸術の証明不可能な不正確性の間に、境界線を引く人たちもいる。とはいえ、ハイゼンベルク〔一九〇一～七六。ドイツの理論物理学者〕の不確定性原理〔位置と運動量、エネルギーと熱などの同時かつ正確な測定は（測定という行為自体が観測対象に影響を与えるため）不可能であるという原理〕によって、科学は常に正しいとする主張――どのみち、それを信じている科学者はほとんどいないのではないかと僕は思う――は切り崩されつつあるようだ。

数学はユークリッド以来、計ることができないものと正面から取り組んできた。数学で無理数《イラショナル》という用語は、整数の比で表わせないもの、有限の数量的な用語にできない何かを意味する。文字どおり、計量不能ということだ。

だから、計量不能なものが存在するというのは議論の余地がなく、僕たちの直感にも合っている。言葉にできないものは確かにあり、ウィトゲンシュタインが言うように、それはもっとも重要なものだろう。ところが外交の問題は、この真実を認識することができず、特にその価値を判断することができない。

この欠陥は、すべての政策立案、すべての政策論議に蔓延している。つまり、互いに協力し合って自分たちの生活をどう調整するかについての議論に蔓延している。

そのうえ僕たちは、国際社会の「現実」を表していると称する言葉や用語の攻勢に直面している。外交問題の用語は、言語のなかでも特別な専門用語だ。つまり現実経験の下位集合のそのまた下位集合ということになる。さらに厄介なことに、「政治家」や学者、評論家は、現実のできごとを表すためにと言っては毎日のように新語をつくりだす。たとえば、「非対称的戦争」という言葉は、必ずというわけではないが通常、交戦国の装備に差がある戦闘を指す。ところが最近アメリカの官僚は、グアンタナモ基地の拘束者の集団自殺を指して「非対称的」言った。こうした自殺は戦争行為だとでもいうわけなのだろう。

「グローバル化」という言葉も(僕も含めて)あまりに多用され、ほとんど空洞化している。ハーバード大学教授セオドア・レヴィットによって一九八三年につくられたとき、本来の意味はこうだった。先進技術が通信、交通、旅行を「プロレタリア化」し(レヴィット自身の用語で、当時はふつうだったが、いまではほとんど使われない)、低価格で標準化された消費物資の市場をつくりだすこと。——この慎重な定義をもってしても、この言葉が、文化の均一化や各地の言語の消滅から資本市場の自由化まで、これほど多岐にわたる現象にあてはめられるようになるのを止められなかった。おまけに、言葉にはいつのまにか政治的な意味合いが込められて政治目的が担わせられると考える、脱構築派からの批判もあるからややっかいだ。

物の見方のパターンを提供するためにつくられるフレーズ(「ピンポン外交」や「悪の枢軸」)がある。理解に役立つというふれこみだが、実際には多くの場合、世論をあおって政策への支持を得るためのものにすぎない。「対テロ戦争」はこのもっとも悪名高い例だ。◇03

国際問題の政策決定は、しばしば計算の形で表わされる。経済的国益X＋安全保障上の必要Y＝政策Z（といっても、こうした表現が暗示する明快さや慎重な厳密さは、めまぐるしい現代外交にはほとんどない）。政策決定は、本質的に合理的なもの、数字で測れるもの、事実にもとづくものとされている。だが、実際はそんなものでないことは、多くの政治家や外交官の率直に認めるところだ。

外交問題は何よりも、人間というもっとも複雑で計量不能の存在に、集団として秩序を与えることに関わるものだ。いい政治家やいい外交官なら、合理的分析の上に心理学や人間的直観を十分盛り込んでいる（たとえばブッシュ大統領は、ボディランゲージをよく観察していると言っている）[◇04]。僕たちももっと堂々と正直にそう言うべきかもしれない。

僕たちの中にあるもの

相変わらずのやり方で行われている外交論議に、風穴を開ける方法はないだろうか。

まず、自分の使う言葉を問い直して、現実と対応しているかチェックする。だれにでもわかるシンプルな用語を使えばもっといい。ウィトゲンシュタインが勧めたように、ものごとをありのままに見るようにする。状況を記述するためと称して新語の獲得競争に走ってはならない。だから「非対称戦争」などと言う代わりに、「交戦国の軍事力に大きな差のある戦闘」と言う。「グローバル化」

ではなく、国際貿易の成長とか、国の資本市場の開放とか、世界的な収入の不均衡とか、国の文化の均質化とか、意味に合わせて使いわける。「ポストモダンの世界秩序」は「二一世紀初めの」でいい。複雑な世界と正面から取り組むには、シンプルな言葉が要る。

また、非経験的なことを理解し調整するうえで役立つ方法もある。オックスフォード・リサーチグループ［一九八二年設立のイギリスのＮＧＯ。安全保障問題が専門］は、オックスフォードプロセスと呼ばれる手法を発展させてきた。政治的な状況、特に紛争に影響を及ぼす、隠れた前提や感情に触れるテクニックだ。

多くの政治状況の深層に、世界の秩序や人間のふるまいについての哲学的な前提が働いていることがわかってきた。根深い対立は、このような計量できない要素が支えていることが多い。しかし外交用語を使った従来の分析では、こうした要素はまだ取り組まれていないか、重視されていない。

オックスフォードグループによれば、対立する陣営同士の対話セッションで、おいしい料理や音楽を提供するといったシンプルなことが、好ましい成果を上げるのに大きく貢献するという。当たり前のように思えるが、形式的で感情を交えない、男性原理の支配する従来の外交の世界では、こうした側面には、ほんのわずかしか注意が向けられていない。

計量不能なもの、まして言い表すこともできないものと正面から取り組むのはむずかしい。国際問題の用語は限られているし、すべての言語、すべての言葉は限られている。人間に関わる現象や人間という存在を構成する要素のうち、計り知れない重要性をもつもの。それは、言葉で表わせる範囲の外にある。こう言うと、宗教の重要性を宣言しているように聞こえて、僕のような無神論者にはどうも居心地が悪い。でも、少なくとも、とらえがたいものの重要性は認めなくてはならない。

これは芸術家、作家、音楽家、倫理哲学者、あるいはイマーム［イスラム教の指導者のこと］やラビ［ユダヤ教の指導者のこと］や牧師の領分だ。芸術が個人としての僕たちの本質について教えてくれるとすれば、国際的な世界についての理解にも役立たないわけがない。◇05 また、記号学者は、言語でははっきり表現されないシンボリズムを解釈するのを手伝ってくれる。こうしたすべてに目を向けて、さまざまな情報源と情報を広く受け入れる姿勢を育む必要がある。

科学的なもの、合理的なものの外にあるこの領域を歩んでいくには助けがいる。なぜなら、この領域には、どれほど多くの経済理論にも、「政治術」のモデルや計量的分析にも、答えられない問いがあるからだ。なすべき正しいこととは何か、という倫理的な問い。そして、もっとも根本的な、僕たちはどう生きるべきか、という問い。科学万能主義の時代、科学や疑似科学に答えを求めることに慣らされてきた僕たちも、そろそろこうした手法の限界に気づいて、自分の中にある非合理的なものと向き合い折り合いをつける、新しい方法を開拓するべきだろう。

安保理に欠けていた「何か」は、これではないかと僕は思う。

報告と現実との隔たり。人間の経験の、言葉ではとらえがたい部分。

僕にもはっきりとはわからないし、証明もできない。でも、たとえばコンゴ東部で起きた虐殺についての報告と、その恐怖の経験の間に、大きな隔たりがあることは議論の余地がない。この隔たりが原因で、人は、行動よりも無関心を選ぶのだろう。イラクについての僕の仕事（第三章）では、まちがいなくこの隔たりが制裁政策の欠陥（と残酷さ）につながっていた。イラクの人々の現実の経験――と苦しみ――は、僕たちの協議のテーブルには存在しない真実だった。

安保理の大使たちは、最近、協議の対象となっている問題地域を訪問することで、この隔たりを埋めようとしている。しかし、この見上げた努力にも限界がある。訪問期間はどうしても短くなるし、ハイゼンベルクの指摘した問題の外交版もある。観察の対象は、観察という行為によって変化してしまうのだ。僕は直接経験していないが、大使がある地域を訪れている間、地元陣営は武器を置いて対話に同意するものの、外交官が去るや否や戦闘が再開することも多いという。

僕たちには、計量不能なものを感じ取るカウンセラー、トロイはいない。

でも、人間の経験のうち口では表せないものを解釈する手段は、たしかに持っている。ガンジーからマンデラまで、根本的な変化を実現した政治指導者はみんな、この道徳的な力に注意を払っていた。たとえ計量化できなくても、僕たちの中にある、この否定できない要素を明らかにする――少なくとも認識する――ことはできる。ウィトゲンシュタインの考えによれば、もしそうできなければ、人間は破滅に至りかねない。

第9章

決裂

一九九八年一二月、英米両国はイラクを空爆した。「砂漠の狐」作戦だ。その年の試行期間の間に、イラクが武器査察団に協力しなかったことに対する報復だった。国連安保理が、制裁と武器査察という二つの中心課題について、イラクに対する新しい――ただ全会一致ではない――アプローチをようやく決定することができたのは、翌九九年の一二月一七日になってからだった。

これは僕の人生でもっともむずかしい仕事の一つだった。その成果――決議一二八四――は棄権が四票あったものの、賛成一一、反対ゼロで採択された。もっとも長く、もっとも複雑な国連決議の一つだった。

二〇〇〇年一月、国連代表部にいた僕は、交渉を記録にとどめるために記事を書いた。公表することを視野に入れていたので、そのつもりで書いた。国家と国益をめぐる従来どおりの論法だ。以下にまずその記事を載せよう。◇01

イラク制裁政策

一九九九年が明けたとき、イラクに対する安保理の姿勢を再構築するため、むずかしい仕事が待っていることはわかっていた。

その時点で、われわれには三つの互いに重なり合う目的があった。

第一は、制裁解除決議に拒否権を発動しなければならないような情勢を避けること（イラクがこれまで決議の定める義務を順守してこなかったことからすれば、制裁解除はまったく正当化できない行動である）。

第二は、安保理でわれわれイギリスの立場に支持を集めておき、他国が制裁解除に支持を集められないようにしておくこと。

第三は、新決議を採択すること。新決議は安保理の姿勢を明確に再構築し、過去の安保理決議に対する責任とイラクの決議順守の必要性を再び表明するものとなる。

このうち第三の目的については、特にロシアと中国の強い反対があることから、不可能ではないまでも、もっとも難航することが予想されていた。が、最終的にはすべての目的を達成した。

安保理で一月いっぱいイラク問題の協議をつづけていくうちに、ほとんどの理事国が新鮮なアプローチを求めていることが明らかになった。共通認識として、イラク国民の苦しみに対処するために、もっと多くのことがなされるべきだと考えられていた。しかし、それだけでなく、イラクがこれまでの決議の下での義務、特に武装解除に関わる義務に従うべきであるという認識も共通していた。

多くの理事国が、関係する数々の複雑な問題の徹底検討を求めていることも明らかになった。なかでも、イラクの大量破壊兵器プログラムに関するむずかしい問題と、複雑で不明瞭な石油食糧交換プログラムの実施に関する問題だ。石油食糧交換プログラムは、人道物資と引き換えにイラクの石油輸出を認める枠組みで、国連の管理下にある。

一月の協議の結論として三つの委員会が設けられた。いずれも当時のブラジル国連大使セルソ・アモリンが議長を務め、武装解除、人道問題、そして、引きつづき問題になっていたクウェートの行方不明者と不明資産の問題に取り組むことになった（この問題について、イラクはそれまでずっと説明責任を果たしていなかった）。委員会の設置によって、安保理は、問題を再検討する余裕、率直に言えば、一九九八年のとげとげしい議論の後で冷静になる余裕ができた。委員会が作成した報告は、安保理の新しい態勢の基盤となる。

一九九九年三月に委員会が報告書を提出するとすぐ、委員会の仕事をさらに前進させ、勧告の骨子を実施に移そうという空気が安保理にあることがわかった。安保理は、包括的な推進策を必要としていた。すべての大量破壊兵器の廃棄・申告というイラクの義務を定めたロードマップの策定、およびイラク国民の人道的要請への対応、この二つをカバーする方策だ。

そのため、イギリスは新たに包括的な決議草案を起草した。この決議は、三つの主要な問題（武装解除、人道問題、クウェート行方不明者・不明資産問題）についての委員会の勧告を推進するものだ。

われわれの草案は、ＵＮＳＣＯＭ（国連大量破壊兵器廃棄特別委員会）を引き継いで武装解除問題を扱う新たな機関の設置を含んでいた。また、石油食糧交換プログラムの資材を拡充し、運営を円滑にするための一連の対策も含んでいた。それは主に、イラクの石油輸出の上限撤廃、イラクへの物資輸入手続きの簡素化、そして経済活性化のために国連から個々の地域への資金援助を可能にすることだ。問題の三つ目に関しては、行方不明者・不明資産についての説明義務を果たすようイラクに圧力をかけるため、新たに国連特別調整官を任命するという委員会の勧告を採用した。

しかし、こうした条項に加えて、決議は制裁解除への道筋の第一歩も提案した。決議草案の最重要条項は、武装解除の主要項目をイラクが履行した場合、制裁の一時停止を認めるものだった（全面的解除ではない）。項目の策定は、武装解除問題を扱う新機関に委ねられていた。

これによって、全面的に義務を果たした場合のみ制裁を全面的に解除することを定めた以前の決議を離れて、イラクに対して新たな中間的段階が提示された。「トンネルの出口」だけでなく、「トンネルの途中にも」光がある。この点が、決議への支持を集めるにあたって決定的に新しい点だった。

中間派へのアプローチ

こうしてわれわれの行動の第一の局面がスタートした。サー・ジェレミー・グリーンストック大使のもと、われわれは、長期にわたる綿密なロビー活動に乗り出した。ターゲットは主に、安保理の「中立地帯《ミドル・グラウンド》」とわれわれが呼んでいた非常任理事国に絞られた。これらの理事国は、制裁の即時解除も「旧体制《アンシャン・レジーム》」の永続化も、どちらも支持していなかった。

オランダは最初にわれわれの決議の共同提案国となり、決議草案は「英蘭」草案と言われるようになった。オランダは、活動全般にわたって確固たる支持をおしまなかった。

他国の説得にはもっと時間がかかり、各理事国それぞれの懸案に一つひとつ応えていく、長く厳しいプロセスだった。

カナダやブラジルは、われわれ同様イラク問題について綿密な検討を重ねており、各論で独自の強い主張をもっていた。たとえばカナダは、もしイラクが国連に協力するなら、イラク国内の傷みの激しいインフラに投資できるよう、外国石油企業の復帰を認める条項を盛り込むべきだと考えていた。これによって人道的プログラムのための収入増を図ることができる。委員会の議長国だったブラジルは、特に人道的プログラムの運営をめぐっていくつもの問題意識をもっていた。制裁が一時停止されるのであれば、イラクからの輸出だけでなくイラクへの輸入も含まれるべきだと主張する国は、ブラジルも含めていくつかあった。

英蘭決議草案のなかで、非常任理事国の間に抵抗感が広がっていた条項（委員会勧告から取り入れたもの）が一つあった。湾岸戦争後、侵攻で被害を受けた人たちへの補償のために国連補償基金が設置されていたが、イラクの人道的プログラムを補填するためにこの基金が資金を提供すべきだとした条項だ。

説得に時間がかかったのには、もう一つ要因があったと思われる。非常任理事国のなかに、常任・非常任という区別が不公正だと強く感じている国々があり、安保理が扱う問題のなかでも特に強いバイアスのかかったこの問題に関して、簡単に言いなりになりたくないという意識をもっていたことだ。

しかし、詳細にわたる議論を経て、各国首都にある大使館の日々の政界ロビー活動もあり、特にアメリカの後押しも受け、また外相間の電話のやりとりもあって、徐々に共同提案国のリストが固まっていった。八月には共同提案国は八カ国になり、われわれの目的の第一と第二は達成された。

どの局面においてもそうであるが、この局面において、アメリカとの密接な連携は決定的に重要だった。決議草案の提示について、われわれはアメリカ政府と詳細にわたって協議した。イギリス外務省とイギリス国連代表部のどちらからも、官僚が頻繁にワシントンを訪れ、電話をかけ、また駐ワシントン英大使館は、アメリカ政府の要人すべてと常に連携をとっていた。

われわれのアプローチの長所を米政府要人全員がすぐに認めるようになったわけではない。何人かは、安保理理事国のなかにイラクとの宥和に熱心すぎると思われる国があることに不満をもち、安保理を通した解決を拒否する姿勢を見せており、代わりに単独で軍事力による封じ込めを行うアプローチに明らかに傾いていた。

イラクの脅威を抑え込むという英米両国の共通の国益を達成するには、安保理で国際社会の支持を回復するのに勝る方法はない、とわれわれは主張した。強力な査察機関を送り込み、イラクに武装解除義務を確実に果たさせようとする国際社会の努力に支持を集めるには、新たな安保理決議が最上の方法だ。

もう一つ別の論拠もあった。新たな決議が採択されなければ、他の理事国を制裁解除の提案へと先走らせかねない。制裁解除は、まったく正当化できないものとして拒否しなければならなくなる。

最終的には、米政府官僚、特に国務省官僚の大部分にも共有されたこれらの議論が功を奏した。アメリカはわれわれ同様、対イラク政策には単独行動より多国間のアプローチのほうがいいという最終結論を出した。アメリカの支持は不可欠だった。今日の安保理におけるシンプルな現実は、アメリカの支持がなければ決議は採択されないということだ。

われわれが支持集めに動いていたとき、他国も行動をとっていた。フランス、ロシア、中国は、何度も形をかえて、別の決議草案を提示していた（三カ国合同、フランス単独、中ロ両国によるワーキングペーパーが主な提案だった）。

われわれの提案と彼らの提案の違いが現れていたのは、「順守《コンプライアンス》」と「協力《コーペレーション》」の区別という、一見わかりにくいが、やはり重要な区別だった。ロシア、中国、フランスの提案は、イラクが新たな武装解除システムへの「協力」をするだけで、見返りに制裁の一時停止と解除を提示していた（もともとのロシア草案では、イラクが査察団の入国を認めるだけで制裁一時停止を提示した）。

われわれは、イラクの義務が実際に「順守」されることを求めた。すなわち、大量破壊兵器プログラムあるいはこうしたプログラム用の資材についての最重要情報の開示だ。「順守」でなければ、「協力」が何を意味するのか、まったく明らかではない。(米外交官の)トーマス・ピカリングは、交渉がもう少し進んだ後で、査察団に紅茶とクッキーを出すだけで「協力」になりかねないと指摘した。

仏ロ中の三カ国は、われわれと同じように精力的に自分たちのアプローチの長所を主張した。特に、これ以上の武器査察に対するイラクの反発と、制裁の即時解除が提示されないかぎり協力を拒否するというイラクの発言を考えれば、三カ国の提案が唯一の「現実的」解決策だと主張した。しかし、彼らのアプローチを全面的に支持したのはマレーシアだけだった。他の理事国は、単にイラクが条件を満たさないからといって安保理自身が決めた制裁解除の条件を放棄すれば、安保理の信頼性が損なわれるという点で、われわれに同意する方に傾いていた。

五常任理事国間の折衝

こうして夏までには、われわれを支持する理事国が過半数になっていた。

だが、五常任理事国間の溝が深まっているのは明らかだった。安保理で合意を得ようとするなら、新しいアプローチが必要だった。それができなければ、可能なかぎり賛成多数で

（かつ、当然ながら、拒否権行使なしで）決議を採択するしかない。行き詰まりがこれ以上つづくことも、安保理の分裂状態が固定化することも、だれも望んでいなかった。しかし一方で、常任理事国の間で、英米対ロ中仏の立場の隔たりは依然として大きかった。

通常、夏の間、外交活動は少し静かになる。その夏は外務省に腰を据えて、五常任理事国をまとめるための戦略を練った。われわれは、自国案を精力的に売り込むよりも、決議の「流動的要素」について作業を進めるという、フランスの提案を採用することにした。決議の所有権をめぐる各国の微妙な関係を回避するためだ（個人と同じように、国が自国案に対してもつ愛着を過小評価するべきではない）。

決議案を、武装解除、人道問題、クウェート問題をカバーするセクションに大きく分けた。それから、問題ごとに個別に協議することにした。基本的には、すべての点で合意に達するまで合意はなしとする。

各論を始めるにあたって、一つの共通認識を基盤とすることにした。決議の文言の細部を詰める前に、概念を固めるということだ。

この局面は、九月にロンドンで開かれた、五常任理事国の政務担当責任者会議で始まった。隔たりは依然として大きかったものの、議論は順調に進んだ。少なくとも、隔たりを乗り越えようとする明確な意思があった。この会議の後、特に仏、英、米の三カ国の間で、電話と二国間会議による連携がつづいた。

ニューヨークでの国連総会の第一週（いわゆる閣僚ウィーク）には、外交活動が緊迫するのが常だ。われわれはこの週のホットな雰囲気と、各国の上級官僚や外相が集まっていることを利用して、進展を図ることにした。戦術として一時的に「流動的要素」アプローチを棚上げし、対イラク政策の共通原則をめぐる一般的な声明に向けて、常任理事国間の合意をめざすことにした（コソボをめぐるG８声明協議のときの手法をまねたものだ。あのときは有効だった）。だが、この手法は失敗に終わった。上級官僚による一週間の集中協議は共同声明への合意に達しなかった。

ふり返ってみると、いずれにせよ、声明が決議への合意に役立ったかどうかはわからない。イラクへの対応の共通原則について合意に達するだけでもむずかしかったが、合意をはかるべき核心部分は別のところにあった。制裁の一時停止の条件や、武装解除問題を扱う新機関の構成といった問題に関する、決議の文言の細部だ。このことは交渉が進んだ段階でさらに明らかになった。

それでも閣僚ウィークの協議のおかげで、議論が全面的に表に出され、各国の立場の理解がいくらか深められた。何よりも閣僚ウィーク協議は、英米両国の意図に対する疑心暗鬼をいくぶんか打ち消すのに役立ったようだ。特に「砂漠の狐」作戦の後、両国がさらなる武力行使の口実として決議の採択をねらっているだけではないかという不信感が広がっていたからだ（少なくとも当初は、イラクは決議を拒否する見通しだった）。

もっとも、われわれが望んでいたのは、閣僚ウィーク協議が、その週の終わりに開かれる常任理事国外相会談の実質的な共同声明につながり、決議採択に向けたわれわれの努力を後押ししてくれることだった。そういう結果にはならなかったわけだ。

その代わり、われわれはニューヨークでの常任理事国会議に向けた仕事を進めた。その間も並行して、主に、英、仏、米政府間で連携がつづいた。上級事務レベルで行われたこの三カ国間協議で、決議のもっとも難航が予想された要素をめぐって、試案に合意することができた。制裁の解除と一時停止の条件を示す文言だ。

この問題は「引き金《ザ・トリガー》」と呼ばれるようになっていた。常任理事国会議では、対立の焦点は、武装解除問題を扱う新機関の構成（ロシアはUNSCOMの残滓が一切残らないことを求めていた）、および「引き金」の二点に絞られた。さらに、実際に問題となるのは後者だけだということが明らかになった。「引き金」で合意できれば、他のすべての点で合意に達することができるはずだった。

常任理事国会議の徹底的な協議を経て、決議の人道問題条項に関しては、共通の基盤を見出すことができた（ウムラへの巡礼飛行の条項など、一、二の小さな問題が未解決のまま残った）。またUNMOVIC（国連監視検証査察委員会）と呼ばれる新たな武装解除機関の設置とその構成に関しても、おおむね共通の基盤が見つかった（この略語は、監査《モニタリング》（Mo）、検証《ベラフィケーション》（V）、査察《インスペクション》（I）、委員会《コミッション》（C）というキーワードの頭文字を何とか入れようとした苦心の産物だ）◇02。

武装解除問題を扱う新機関をめぐっては、協議の進展とともにロシアの態度が硬化していた。彼らは、新機関にＵＮＳＣＯＭからの継続スタッフが一人も入らないこと、イラクの「全面的」協力への言及をすべて削除することを含めた要求を出してきた。こうした言及は「挑発的」で、イラクが全面的協力を行わなかった場合に、軍事行動の口実として使われかねないからだという。

だが、こうした要求はあったものの、最終的な文案は、全常任理事国に広く受け入れられるものになった。新機関がイラクの施設への立ち入りに関して全面的な権利（即時、どこでも、いつでも）をもつべきであり、新機関には、ＵＮＳＣＯＭのスタッフも含めて、武装解除に関する高度の専門知識をもつスタッフが配置されるべきだとした、英米両国の要求も満たされた。

常任理事国会議は、各国代表部や国連本部の陰気な部屋で、また終盤にさしかかり交渉が大詰めを迎えてからは環境の整ったアメリカ代表部の部屋で、たびたび行われたが、結局そのほとんどの時間が費やされたのは、「引き金」をめぐる議論だった。常任理事国会議が始まったとき、われわれは、制裁の一時停止をどのように行うかについては、合意を探らないことにしていた。つまり制裁の一時停止後、大量破壊兵器の再軍備を防ぐため、イラクに対してどのような監視をつづけるべきかという問題を先送りするということだ。この問題で合意を探れば、ただでさえ厳しい交渉に余計な重荷を負わせることになる。

ありがたいことに、他の常任理事国もすぐこれに同意した。特にフランスは早くから、この問題の解決をめざせば、交渉は難航こそすれ進展しないということを理解した。その代わり協議の焦点は、「いつ」、どのような条件の下で、制裁が一時停止されるべきかにおかれた。

最終局面

秋が過ぎ、いつまでも協議をつづけるわけにはいかないことがわかっていた。特に中東地域から、結果を求める圧力がわれわれにかかっていた。年末には非常任理事国が交代し、共同提案国のうち四カ国が安保理を離れる。時間切れが迫りつつあった。われわれは協議のペースを早め、遅れを避けるため各国首都からの出席を求めた。

協議が最後の数週に突入すると、一つの問題が浮上してきた。われわれイギリスおよび仏、米の三カ国共同で詰めていた「引き金」の文案に曖昧さが残っていたことがネックになることがわかったのだ。

ややこしい言葉で書かれたこの文章は、基本的にはこう言っていた。「制裁の一時停止の決定は、イラクが一二〇日間の協力を行ったというUNMOVIC委員長からの報告を受けて安保理が行う」。その報告には、イラクによる重要な武装解除項目の実施に進展があったかどうかが書かれることになっていた（もちろんこれは決議の内容を簡略化した説明だ）。精力的で粘り強いロシアの代表者がこの文言にこだわった。彼は、「進展」とは正確にどういう意味かを知る必要がある、いっさいの曖昧さを取り除くべきだ、と主張した。われわれは、進展が制裁の一時停止を引き出すのに十分かどうかは、そのときになって安保理だけが判断できることだと論じた。つまり判断を先送りするべきだということだ。われわれイギリスおよびフランス、アメリカの三カ国は、常任理事国間の隔たりを乗り越えるには、こうした曖昧さを残すしか方法がないと認識していた。

しかし、文案をめぐる隔たりの裏に、文言についてどれほど協議してもおそらく解決できなかった、もっと深い政治的な隔たりが横たわっていることが明らかになった。

協議が最終局面を迎えると、ロシアは、結局は棄権するつもりだということを明らかにした。決議に賛成票を投じることをめざしてはいなかったのだ。中国もこれに同調した。フランスも、ここまで文案を詰める徹底的な作業を共にしてきたにもかかわらず、最後になって、もし決議が全会一致で支持されないのであれば、やはり棄権するしかないと言った。もちろんわれわれは（特にフランスに）失望した。

こうした国がなぜ棄権を選んだのかはわからない。われわれはみんなそうだったが、彼らも最後には、対イラク関係も含めて、国益を総合的に計算したのはまちがいない。

一二月初めにイラク首相がロシアを訪問し、ロシアは拒否権を行使すべきだと主張した。ロシアとしては、棄権によってほどよいバランスがとれると結論を出したのかもしれない。イラクを必要以上に刺激することを避けられるし（対イラク債務とイラク沖の油田契約で、両国に共通の国益があることはよく知られていた）、拒否権を行使すればまちがいなく損なわれるはずの、西側との関係も最小限のダメージですむ（チェチェンでの作戦が始まったばかりだった〔一九九九年一〇月にロシアはチェチェンに侵攻した〕）。

フランスは、全会一致で採択されなかった決議は効力が弱められ、イラクが順守する可能性は低くなると言った。そのようなフランスの姿勢自体が、予想どおりの結果を引き起こす、そういう論法だった。

一二月の第二週になるころには、協議をつづけてもほとんど得るものはないことが、どの関係国にもわかった。

どのみちロシアが棄権しようとしているのなら、「引き金」の文案をすりあわせることにこれ以上意味があるとは思えなかった。ロシアが求めていた文言の明確化は、制裁一時停止の条件を緩和しすぎ、イラクの果たすべき義務をとても受け入れられないほどのレベルまで縮小し、イラク政府に対して協力を迫る圧力も低下させることになっただろう。いずれにせよ、ロシアが棄権の意思を表明したため、当然ながら、われわれイギリスおよびアメリカは、いっそうの譲歩を検討する意欲を失った。もっとも困惑していたと思われるフランスは、この現実を最後まで受け入れられず、ギャップを埋めるいっそうの努力の必要性を主張したが、結局は徒労に終わった。

最終的に一二月一七日に決議が採択に持ち込まれたとき、合意を探る努力は尽くされていたのがわかった。だから、この状況ではこれが最善の成果だった。交渉は一〇カ月ほどつづいてきた（いつ始まったと見るかによって違うが）。思ったよりずっと長かったことになる。疲労困憊するまで労力を注ぎ込んだが、協議の長さだけを見ても、合意に達するための努力は尽くされたということをだれもが理解していた。新たな包括的決議に向けて、われわれがしたような努力をもう一度してみようという人間は、ここしばらく出てこないのではないだろうか。

採択に際して、棄権した国も含めて（マレーシアも中、ロ、仏に同調した）全理事国は、新決議が、国連の対イラク政策の新たな、そして唯一の解決策となると述べた。二〇〇〇年一月の執筆時点で、決議の実行に向けた作業とともに、イラクに決議の順守を求める努力が始まっている（ロ、中、仏、マレーシアはそろって、イラクに国連決議一二八四の順守を求めた）。これは長くかかるかもしれない。しかし、イラクも最終的には、決議を順守することが制裁解除および国際社会との関係正常化に向けた唯一の道であるという現実を認識するべきだ。

奇妙な文章

この記事の公表は認められなかった。駐パリと駐ワシントンのイギリス大使館が両方とも、公表すれば駐在先の国の反発を招く恐れがあると判断したのだ。

読み返してみると、勝ち誇らんばかりの、自信満々な記事のトーンには驚くばかりだ。それとともに、自分が関わったことを説明するのに、きわめて特殊な書き方をしていることも気になる。たとえば「ロシア大使はこう言った」と書く代わりに、「ロシアが求めていることは」と書いている。イギリスの政策について書くとき、くり返し、無意識のうちに「われわれ」という言葉が使われている。

でも、もっと驚くべきことは、記事に書いたことが、実際の記憶と違っている、ということだ。たとえば僕は、ブラジルやカナダのような「中間派」がみんな、決議に含まれるべき内容について、それぞれの懸案をもっていたと書いている。しかし、いま思い出してみると、これは僕が実際に目にしたことではない。イギリス国連大使と僕がこうした国々の代表団のメンバーとたびたび話をするなかで、それは明らかになったのだ。こうした「各国の懸案《ナショナル・コンサーンズ》」といわれるものは、まったく「国の」懸案などではなかった。

安保理がイラクに対して何を「する」べきかをめぐる重大な交渉だったため、僕を含めて多くの

「専門家」が、いかにしてこの難題を解決するか、快刀乱麻のアイデアを温めていた。何といってもそれが僕たち外交官の仕事なのだ。もっとも、自分たちでそう思いたがっていただけだが。カナダ、ブラジル、スロベニアの「専門家」（僕と同じ外交官）も例外ではなく、それぞれの得意分野の話題を喜んで披露した。カナダの専門家は石油問題、特に生産物共有協定と呼ばれるものにこだわりをもっていた。ブラジルの専門家が得意としたのは、人道問題のさまざまな難解な側面だった。各国の懸案とは、こうした個人的な関心事だった。

というのも、こうした国々の大使にロビー活動をすると、専門家からブリーフィングを受けているはずの国の懸案について、大使がろくに理解していないのがわかったからだ。たとえば石油関連投資の問題をめぐって、イギリス大使がカナダ大使との専門的な協議に臨むために僕は準備を整えたが、カナダ大使の方は明らかに、重大な国の懸案であるはずのことについて、まったくお粗末な理解しかしていなかった。それでもカナダ大使が、自分の求める条項を決議に含めるよう強く主張するのに支障はなかったようだ。オタワの高等弁務官事務所（英連邦にある大使館）が「オタワ」すなわちカナダ外務省から聞いた話では、カナダの懸案といっても一から一〇までニューヨークの専門家がつくりあげたものだということだった。

他国の代表団が特に固執する場合、僕たちはイギリス外務省からその国のイギリス大使館へというルートで、その国の外務省が「自国の懸案」についてどう思っているかを探ってもらった。ブラジルであれカナダであれ、こうした国の政府は例外なく、政府の名のもとに国連代表部が何をしているのか知らなかった。あるいは、知ってはいてもその問題にまったく関心をもっていなかった。ときには大使が専門家の関心事を採用して「国の」懸案とすることもあったが、いつもというわけではなかった。僕から見れば、まったく場当たり的だった。それに、どのみち大して重要ではなかった。

「中間派」の支持獲得に効果を発揮するのは、決議の内容の検討ではなく、むしろ政治的な力に物を言わせて、非常任理事国に「われわれ」と同じ見解をもたせるよう働きかけることだった。こうした国々にもそう受け止められていたし、そうでないときには、最終的にはわれわれ（というよりアメリカ）を支持するしかないということを思い知らせた。

投票に持ち込まれたとき、カナダやスロベニアやブラジルが反対票を投じることは決してなかった。この政治的圧力は通常、外相同士の非公式の電話で伝えられ、スロベニアの場合は、米大統領の公式訪問によって伝えられた。単に、彼らがメッセージを理解するまでどのくらいかかるかという時間の問題にすぎなかった。

このような説明は、記事のタイトルでもあった、僕の「交渉のインサイドストーリー」には出てこない。

いま決議[◇03]を読むと、そのばかばかしいほどの複雑さに嫌気がさす。「引き金」のセクション（セクションD）など、ほとんど意味不明だ。採択のときでさえ、（僕も含めて）ごくわずかの人間しか意味を説明できなかったはずだ。例として、「引き金」の条件を定めた段落を一つだけ引用しよう。

主文三三。継続中の監視・検証制度を強化したシステムが完全に機能しているとの報告を、安保理がUNMOVICおよびIAEAの両者から受けた日以後一二〇日間、イラクが両者とすべての面において協力し、特に、主文七の規定に言及された作業計画の全面的な履行に協力した旨の報告を、安保理がUNMOVIC委員長およびIAEA事務局長から受領したときには、イラクにおける人道状況の改善および決議の履行の確保を基本的な目的として、かつ、イラクによる禁止品目の取得を確実に阻止するための効果的な財政上および他の運営上の措置を策定することを条件として、イラクを原産地とする産品および製品の輸入の禁止措置、ならびに、決議六八七の主文二四の規定に言及されたものおよび決議一〇五一により設置された制度が適用されるもの以外の民生用産品および製品のイラクへの販売、供給および運搬の禁止措置を、安保理による更新が可能な一二〇日間、一時停止する意図を表明する。

［決議六八七は一九九一年に採択された湾岸戦争停戦決議。イラクの大量破壊兵器廃棄、武器査察受け入れ、UNSCOM設立などを定めている。決議一〇五一は一九九六年に採択、軍民両用製品輸送の申告を求めている］

この複雑さは、文章の下に政治的な分裂があることを示している。合意に達することができなかったので、あいまいさのなかに決議の成立を探ったものだ。このアプローチは後になって代償を払うことになった。

当時のアメリカ国家安全保障担当大統領補佐官サンディ・バーガーは、決議の文章を評して、複雑さは『タルムード』〔ユダヤ教の聖典〕並み、「ものすごく」むずかしいと言っている。この複雑さのせいで、問題の重大さにもかかわらず、交渉のほとんど大部分が外交官の手に委ねられた。大物政治家が関わったのは、決定的に重要ないくつかの場合だけだった。そうした場合、閣僚は入り組んだ文章の構造と難解な言葉のあや（「協力」と「順守」の違いなど）をほとんど理解できなかった。閣僚がこうした折衝の準備を例外なく短時間でしなければならなかったことを思えばしかたがない。閣僚の介入は、われわれを支持させるために非常任理事国に圧力をかける以外には、ほとんど役に立たなかった（剛腕は常任理事国には通用しない）。

そのため、ときにはごく若手の下級外交官の見解と偏見が、思いのほか物を言うことになった。決議と僕たちの努力に、おおいに貢献してくれた人もいれば（後に棄権した国も含めて）、そうでない人もいた。

常任理事国代表団のなかの一人は特にひどかった。交渉の長い一日が終わると、僕は代表部に戻って、外務省宛に経過を記録した電信を書く。翌朝出勤すると、他の常任理事国にある大使館からも、交渉の進捗状況について見解を示す報告が来ている。その外交官の国からの報告には、前日の協議について、同じ協議の話とは到底思えない説明が詳しく書かれていた。すべての点について、僕たちや特にアメリカの発言に、考えられるかぎり最悪の解釈がなされていた。

彼のそうした解釈は、合意を探った僕たちの目的に大きなダメージを与え、彼の国の棄権という決断にもつながったと確信している。

とはいえ、交渉の経緯に個人的な解釈を加えたからと言って、一人の外交官だけを非難するのはまちがっている。多かれ少なかれ、僕たちはみんなそうしていたからだ。

このようなプロセスに参加して気づいたことの一つは、そこにどれほど個人的な感情が混じってくるかということだ。

協議は不快な小部屋で何時間もつづいた（安保理議場に通じる廊下の端にある「常任理事国室」であることが多かった）。そのなかで起こったことは、僕や他の代表団の外交官によって、すっきりとした要約にされて、各国の政府に送られた（「ロシアがXを提案。アメリカがYを譲歩」）。

何が重要で、何が重要ではなく、それをどう報告するかは、僕と、僕の要約にお墨付きを与える大使にかかっていた。外務省にもっと交渉の余地を認めさせる必要を感じれば、その点について反対の度合いを誇張して書いた。外務省からの指示に気に入らない点があれば、反対陣営の反論を強調した。ここまでは、遠く離れた機関の指示の下で交渉を行っている人間ならわかることだ。

しかし、それだけではなかった。常任理事国に任せられた「引き金」をめぐる協議は、専門家を伴った大使の間で行われたが、特にその間、本国に送らなければならない定例報告にふさわしくないことが何度か起こった。

根深い不信感

僕が覚えているのは、ある日の午後、アメリカ代表部で常任理事国会議が行われたときのことだった。合意に手が届きそうに思われていたころだ。

一つの単語の解釈が焦点だったときもあったが、もっと抽象的なもの、善意とか信頼といった言葉で説明するしかないものが問題になったときもあった。この会議の歴史がいつか書かれることがあれば、国益の相互作用だけにもとづいた分析がなされるのはまちがいない。だが、交渉にあたった人間たちがこうした国益をどう解釈し、自分たちの見解をどう表現して報告したか――ここには、はるかに個人的な側面が含まれている。

国連本部の向かいにある一番街のアメリカ代表部で、上方階の会議室に座っていると、ときどき、暗い色をした板張りのテーブルの上の方に、「合意」がまるで幻のように漂っているような気がした。いっせいに手をのばせば、その幻は現実になるだろう。ところが、僕たちは協力し合うこともなく、ばらばらに手を振りまわしていた。

協議を報告する僕の電信には一度も現れなかった一つの言葉。――それは何だったのか。いま思えば、書かれるべき言葉だった。「信頼《トラスト》」。目に見えず、測ることもできないが、もし、それがあのときまだあったなら、僕たちのジグソーパズルに欠けていたピースを構成していたはずだった。

ロシアは、僕たちのアプローチにもっとも強硬に反対していたが、それは単に、僕たちが再度のイラク攻撃の口実を見つけようとしているのではないということを信じられなかったからだ。この不信感の下に、イラク政治の現状を維持したいという国益があったかもしれないが、もしも不信感がぬぐい去られていたら、ロシアが国益にしたがって動いていたことがもっとはっきりわかっただろう。

対立する陣営に、経済的国益という次元の低い利己的な動機があると言ってしまうのはいつでも簡単だ。二〇〇三年の米軍による軍事行動にフランスとロシアがなぜ支持を拒んだかを分析するとき、英米両国のマスコミは、いつもそうやって仏ロ両国の動機を説明する。一方、僕たち自身には、安全保障、民主主義、自由といった「もっと高尚な」動機があるという。言うまでもなく、ごくわずかの例外を除けば、僕たちの側にも水面下の動機も働いている。ただ、政策担当者の狭い世界の内側から見ると、このように動機を分析することは、単純すぎると何度も感じてきた。

二〇〇三年のイラク戦争については第四章で論じたが、フランスやロシアの反対が（ドイツや他のどの国の反対でも）、当時のイラク政権下での経済的国益「をめぐる」ものだったとは思わない。かといって、この戦争が（政権転覆後の）石油「をめぐる」戦争だったと考える人たちの意見にも僕は与しない。僕の経験からして、また僕と同じ見解をもつ多くの上級外交官や外交政策担当者と話したことからしても、政策担当者が動機や目的、「国益」のリストを明確に設定することは、きわめてまれにしかない。

通常これは、ジグザグに迷走するプロセスだ。ある状況について見解がつくられると、それは絶えず強化され、やがて何か劇的なことが起こって見解の転換を強いるまでつづく。トーマス・クーン[◇04]が説明した、科学的見解が転換に至るプロセスに似ている。[◇05]見解を練り上げ説明する人間たちは、自分の解釈を正当化する一連の事実を積み重ねる。ロシアも、僕たちと同じようにそういうことをするだけではないか、と僕は思う。

　ロシアの立場は経済的国益「をめぐる」ものでもあったかもしれない。でも、こうした国益にもとづいていたかどうかはさておき、ロシアがまちがいなく信じていたことがある。武装解除義務についてイラクがどのような行動をとったとしても、アメリカには制裁を解除する意思がないとロシアは思っていたのだ。ロシアのこの見方を支持する証拠はたくさんある。クリントン大統領も公式発言でそう言っていた。また査察過程を通して、決議に規定された義務が一つ残らず、絶対的に完全に実施されないかぎり、制裁の変更にはつながらない（「どのような」変更か、アメリカは一貫して特定を拒否していた）、とアメリカが主張したことも、制裁解除の意思がないという印象を強めた。

　一九九八年、ＩＡＥＡの報告によれば、イラクは、核兵器製造能力を検証可能な形で廃棄するという義務に、二つの小さな問題を除いて従った。ところが、イラク側が事態を進展させたことはまちがいなかったにもかかわらず、安保理でアメリカと僕たちイギリスは、この成果を公式に認める声明への合意を拒否した。このときのことについて僕は、特にイラク、フランス、ロシアから、不誠実だと何度も指摘された。イラクが事態を進展させたのなら、僕たちも少なくともそう表明し、公式に認めるべきだと彼らは言った。しかし僕たちはそうしなかった。アメリカの代表団から聞いた話では、国内政治の事情で、クリントン政権は、イラクが義務を果たしているなどとは、ほのめかすことさえできなかったという。

個人的な側面もある。ロシア大使は、英米両国とUNSCOM委員長リチャード・バトラーに嘘をつかれたと感じていた。

「砂漠の狐」作戦が行われる前、僕たちは一つの決議をなんとか安保理から引き出すことができた〔決議一二〇五（一九九八年十一月五日採択）〕。イラクに対してUNSCOMへの全面的な協力を再度求める決議だ。協議の間にセルゲイ・ラブロフ大使は安保理議場で、決議の文言について特に僕たちに質問した。もしもイラクが非協力的だった場合、イラクに対して軍事力を行使する権限を英米に与えるものとみなしているか、と。僕たちは、決議はそのような権限を与えるものではないと答えた。にもかかわらず、「砂漠の狐」作戦が行われたとき、僕たちはこの決議を武力行使正当化の根拠の一部として使った（同じようなごまかしは二〇〇三年の戦争の前にもあった）。

ラブロフはまた、「イラクは協力的だ」と言ったバトラーのモスクワでの発言にもわだかまりをもち、意図的なごまかしだったと考えていた。バトラーはその直後にニューヨークにもどり、イラクは実は協力していないとする報告を出していたのだ。

失われたもの

常任理事国の折衝が行われていた間のあるときのことが、特に強く記憶に残っている（これも、僕が当時書いた記事のなかには出てこない）。

ロシア大使が、アメリカは制裁に関して「ほんとうは」どのような立場をとっているのかと、アメリカ代表団（この日は国務次官補）に迫った。特に決議六八七に定められた条件をイラクが満たした場合、制裁解除に関してイラクはどのような資格を得るのか、と大使は訊いた（この決議の制裁関連のセクションでは、大量破壊兵器とミサイルの廃棄に関してイラクがどのような義務を果たせば、制裁が解除されるかが定めてあった。すなわち、制裁は「一時停止」ではなく解除、つまり完全に終了することが決められていた。「一時停止」は文字どおり一時的に停止するという意味で、後で再び制裁が課される可能性がある）。

アメリカの官僚は困惑した様子で、まわりを見回していた。明らかに、これほどストレートな質問が来るとは思っていなかったようだった。気まずい、意味ありげな沈黙の後、「最低限、一時停止です」と彼は答えた。自国の政策についてこれほど寛容な解釈を示してしまったことに落ち着かない様子だった。クリントン政権の人間なら、フセインに「弱腰に」見えるのを恐れて、だれひとり公式には表明しようとしないことだった。

イラクが制裁「解除」の条件を満たした場合、制裁を「一時停止」する、というアメリカのこの表明は、どうということはないように思えるかもしれないが、インサイダーにはきわめて大きな意味をもっていた。フランスとロシアの代表団に衝撃が広がった。専門家たちは、興奮を抑えきれない様子で一字一句を書きとめた。

「われわれ」がオウンゴールで貴重な得点を献上してしまったことが、僕にはすぐにわかった。その晩、パリとモスクワに送られた電信で、このポイントが大いに強調されたのはまちがいない。数週間後に、プーチンとシラクが投票について最終決定を下すときにも、おそらく特に重要視されただろう。たとえイラクが制裁「解除」の条件を満たしても、アメリカは「一時停止」にしか同意しないと、非公式の場できわめて率直に認めたのだった。

フランスとロシアにとっては、アメリカが不誠実に行動している明らかな証拠だった。決議の最後の文言に至るまで、可能なかぎり完全な順守をイラクに求める一方で、アメリカは、たとえイラクが条件を満たしても、制裁解除という約束を守ろうとはしていないのだ。

その年の交渉の焦点は、特に常任理事国間で、イラク問題をめぐって隔たりの大きかった見解に一致点を見つけることだった。長々とした協議は文章と言葉をめぐるもので、報告をみれば、合意を探るための文言、用語、妥協の形式を見つけていくプロセスだったことになる。歴史家が文書による記録を調べれば(僕だけでもこの交渉についてだけで数百の詳しい電信を書いた)、このように見ることだろう。先に引用した僕の記事が採用したのもこのストーリーだった。僕たちの小部屋に入ることを認められていないメディアも、この論法を巧みに操る広報担当官僚からあてがわれた、この無難な説明を報道した。

しかし、協議は、小さなグループの人間（全員が男）の間の信頼をめぐるものでもあった。どの国でも、国益の決定に関わるのは少数の人間だけだ。僕たちはみんな、どっぷりと、おそらく深すぎるくらいに、この複雑でやっかいな問題に浸ってきた。信頼は僕たちの手をすりぬけた、はかない幻だった。そして、アメリカの官僚がロシア大使の質問に答えたあのときに、信頼が永遠に手の届かない所に行ってしまったことが僕にはわかった。

第10章

独立外交官

賢者はすべての国のものである、というのも偉大な魂の故郷は世界全体だからである。

――デモクリトス

［カール・ポパー著『開かれた社会とその敵』（内田詔夫・小河原誠訳、未来社、一九八八年）に引用］

ソマリランド

僕たちは、紅海に面したベルベラから、ソマリランドの首都、ほこりっぽいハルゲイサまで長い道のりを走っていた。同行していたのは、ソマリランド外相で六九歳になるエドナ・アダン、運転手、外務省のメガン、それにボディガードだった。この道路はいつも安全なわけではない。一年前にドイツの援助関係者が待ち伏せされ、ソマリ人の同僚が射殺された。

その日、僕たちはベルベラで、ソマリランドの国家としての発展にとって重要な節目に立ち会い、祝福した。国営電気大企業向けの配線と機械類が積まれた、長いスチールのコンテナが五〇台、ベルベラに船で運ばれ、そこからこの道を二四〇キロほど内陸に行ったエチオピアまで、トラック輸送されることになっていた。一九九一年にソマリランドが国家としてふたたび成立して以来、食糧援助以外で初の商業的な船舶輸送だった。ささやかかもしれないが、この誕生してまだ日の浅い小国にとっては重要な節目だ。

エドナ・アダンはソマリランド市民のヒロイン的存在だ。彼女の前夫はソマリアの元首相の一人で、彼女（国連職員だった）は退職金と年金を投じて、ハルゲイサに産科病院を建設、運営している。敬愛されている女性の手で、貧しい街のゴミ捨て場の跡地に建てられた病院は、大いに愛されている。ソマリランドのどこに行っても、患者や患者の家族、あるいは一般市民が立ち止まって彼女に礼を言い、敬意をこめてあいさつする。

交通量はあまり多くなかった。というより、ほとんどの間、他に通る車はなかった。しかし、僕たちの前に道の真ん中を走る白い車がいて、通してくれない。古い車で、フィルターされていない排気ガスの真っ黒な煙を長く吐き出していた。僕たちの乗った四輪駆動車は窓が閉まっていたが、煙にむせて閉口した。運転手が加速してクラクションを鳴らしたが、前の車は道を譲らない。それどころか、わざと道をふさいでいるように思えた。同行のソマリランド人たちが騒ぎだす。「何やってるんだ?」「危険運転だぞ」。だれも言わなかったが、この道で以前起こったことを知っていた僕たちは、少し緊張していた。そのうちにやっと追い越すことができた。

しばらくして僕たちは停車した。エドナ大臣が(たいがいは単にエドナと呼ばれていた)、ちょうどすれ違った子どもたちに、持ってきたクッキーをあげようとしたのだった。村の貧しい子どもたちだった。子どもたちはヤギを追ったり、ただ立って、何もせずに僕たちの車を眺めたりしている。車などあまり見かけないのだろう。

ソマリランドは世界最貧国の一つで、国民の大部分はようやく生活しているという状態だ。エドナ大臣が子どもを見つけると、車はスピードを落とす。でも、車を道路脇に寄せて停め、運転手とボディガードが手を振って呼ぶと、子どもたちは逃げて行ってしまう。知らない人に近づくなと母親に言われているのでしょうと、エドナ大臣は言った。子どもたちは、ときには互いに大声で何か言いながら、あわてて逃げていく。僕たちは苦笑して、車を出す。

しまった! 止まっている間に、あの最悪の白い車に追い越され、僕たちはまた煙につかまってしまった。アクセルをふかし、クラクションを鳴らして運転手が追い越そうとしたが、薄汚れた白い車はまたしても道の真ん中にでんと居座り、前をふさいでいる。車に人がいっぱいに乗っているのが見える。いらいらして、おそらくいくらか神経質になって、ソマリランド人たちはますます騒がしくなる。警笛とエンジン音をけたたましく響かせ、他にだれもいない道を左右に大きく蛇行して、ようやく白い車の横に並ぶことができた。

追い越しながらボディガードが窓から身を乗り出し、白い車に停止するよう合図した。彼らが道路脇に止まると、ボディガードはカラシニコフ銃を構えて飛び降りた。エドナ大臣が彼を止めようとしたがもう遅く、ボディガードと運転手はすでに厳しい表情で、白い車に乗っていた男たちのところに向かっていた。彼らはソマリ語を話していたが、何を言っているか僕にもわかる。僕はぴりぴりした。

しかし一〇秒ほどで、笑い声が聞こえ、笑顔が見えた。白い車を運転していたのは、多くのソマリ人と同じ、細身で憂い顔の青年で、車から降りてきた。彼が笑みをうかべて、敬礼のまねをすると、ボディガードも態度を和らげて笑った。青年がこちらにやって来た。不意に彼はエドナ大臣に気づいた。急に恥ずかしそうになり、ますます下手な運転を後悔しているようだった。謝りながら彼は車内に手を伸ばし、エドナの手をそっととってキスをした。そして僕たちは先へ向かった。

疑念と幻滅

僕は二〇〇四年九月にイギリス外務省を辞めた。

転機が訪れたのは、イラクの大量破壊兵器に関する機密情報を政府がどう使ったかについて、公式調査を行う委員会（バトラー委員会）に、（匿名で）証言したときだった。

僕は戦争について考えていたことをすべて書面に書いた。戦争以外にとることができた選択肢、戦争の違法性、イラクの兵器についての情報を政府が国民に伝えたときのやり方がまちがっていたこと。それまで何年も悩んでいたが、書きあげると、もうこれ以上政府の仕事をつづけることはできないことがようやくわかった。

僕は自分の証言を外相と外務省トップ（官僚のトップである事務次官）に送った。どちらからも返事はなかった。イギリス国家の正式な外交官としてのキャリアは終わった。

といっても、バトラー委員会への証言だけが、辞任の理由というわけではなかった。何年も前から、外交に対する幻滅と疑いが僕の中で大きくなっていた。

国連安保理で仕事をしていたとき、僕はあまりにも明らかな不均衡を目の当たりにして、呆然とすることがよくあった。外交的な資源や能力をもつ有力国とそれ以外の国の格差。イギリス外交官である僕たちには非常に有利な条件がそろっていた。膨大な電信と機密情報の報告によって、僕はそこにいた他のほとんどの外交官より情報に通じていた。イギリス代表部は国連で最大の規模をもつ代表団の一つで、すべての問題に対応できる体制を擁していた。交渉では、経験豊かな弁護士が、文面のどのような変更もこちらに有利になるようにはからってくれた。傍受される恐れなしにリアルタイムで、イギリス外務省の指示を仰ぐこともできた。安保理の他の多くの国と違って、僕たちの通信はセキュリティが確保されていた。そしてイギリスは、決議草案の提出数ナンバーワンを誇っている。これを証明するため、代表部は外務省に定期的に統計を送っていた。

こうした有利な条件は、一握りの最有力国のものだ。中国、アメリカ、ロシア、フランス、イギリス。あまり意識はされないが実は強力な外交の力が、こうした国のほんとうの実力（経済的、軍事的）を強化しているのは偶然ではない。

一方、その他の国はみんな、非常に不利な条件におかれている。国連総会、安全保障理事会、特別委員会の議題は膨大でしかも増える一方だが、代表団の規模が小さい多くの国は、仕事に忙殺されたわずか一人か二人の外交官が、資料もろくにない状態で、この議題をこなすのに四苦八苦している（たとえばジュネーブのＷＴＯ（世界貿易機構）では、多くの貧しい国は代表団を維持する余裕がなく、まして、きわめて複雑な貿易交渉の経過を把握し、影響力をもつような専門家を抱えることはできない）。自国の問題が論じられている部屋に、当事者が入ることさえ許されないこともしばしばある。

こうした格差は、ないがしろにされている側にとって不利であることは言うまでもない。しかし同時に、逆説的なことだが、有力国にとっても利益にはならない。互いに関係しあう複雑な時代には、すべての関係者の利害を考慮に入れることができない合意は、有効性が乏しく、長つづきせずに、空中分解してしまうことがあまりにも多い。その結果、不安定な世界になる。無視された人々は、自分たちの声に耳を傾けさせるための——しばしば暴力的な——方法を見つけようとする。

インディペンデント・ディプロマット

外交に関するアドバイスを行う非営利組織、「インディペンデント・ディプロマット（独立外交官）」を立ち上げた背景には、こうしたことがあった。僕は、安保理で自分が目にした外交の欠陥をなんとかしたかった。インディペンデント・ディプロマットは、経験を積んだ実務家（元外交官、国際法弁護士、優秀なアナリスト）のネットワークを築き、彼らの専門性を生かして、経験も資料も乏しい小国や政治集団の外交を支援するものだ。モットーは、「それをもっとも必要とする人のための外交サービス」

二〇〇四年の秋、ロンドン南部の僕のアパートの地下で、インディペンデント・ディプロマットは始動した。

最初の契約は、翌年の初めに、コソボ政府と交わされた。コソボの地位を最終的に決定する国連管理下のプロセスが進行する間、アドバイスをする契約だ。

コソボは、一九九九年以来国連によって分割統治されているが、厳密には依然としてセルビアの一部であり［この後、二〇〇八年二月にコソボは独立を宣言］、外交の場に代表を出すことも、外務省の存在も認められていない。にもかかわらず、多くの外交関係機関や国（国連、EU、あるいは南東ヨーロッパ外交を支配する「コンタクト・グループ」の六カ国［米、英、仏、独、伊、ロ］、そしてもちろんセルビアなど）が関わる、きわめて緊迫した複雑な外交プロセスへの参加を求められている。

インディペンデント・ディプロマットの哲学は単純だ。僕たちは顧客のために仕事をする。他の多くのNGOや国際機関と違って、僕たちはただ、雇い主である国や集団の意に従う。外交のノウハウを活かしてアドバイスや支援を行い、国際社会での彼らの目的の達成を手助けする。

重要な条件は一つだけだ。支援の対象が、民主的で、国際法と人権を尊重していること。もちろん、この点ではどの国も完璧ではないが、インディペンデント・ディプロマットの全プロジェクトを綿密に検討する理事会が、顧客となる可能性のある相手を総合的に判断して、その「方向性」が納得のいくものでなければならない。アプローチしてきた国や集団のいくつかは、この原則にもとづいて断った。国や政治集団が現行の国際制度や国際法を通して交渉するのを支援していくことで、国際問題を調停するための平和的・合法的な手段を強化するのに役立つことを願っている。

顧客のための僕たちの仕事は、舞台裏での戦略的なアドバイスと、国連安保理[◇01]との連絡、演説、外交関連の公式発表といったことについての実務的な支援だ。顧客の外交上の代弁者となることはなく、顧客のためのロビー活動も行わない。ワシントンやニューヨークの廊下で、びしっとスーツを着込んだ西洋人が、遠いところにいるグループのためにロビー活動をしている光景には、むかしから納得がいかなかった。誠実さよりも金を思わせるからだ。いずれにせよ、以前こうしたロビー活動をされる側にいた僕は、大義を訴えるうえでもっとも説得力をもつのは、その国や地域の人々自身だと考えるようになった。

インディペンデント・ディプロマットがなぜ必要なのか。その背景には、もっと厳しい現実もある。顧客の多くにとって、もし自分たちの声に耳が傾けられず、その見解が考慮に入れられなければ、紛争になる恐れがあるのだ。バルカンを見てきた人間ならほとんどだれでも認めるだろうが、もし最終的な地位決定のプロセスが（本書執筆時点で進行中だが）コソボ新国家の建設に至らなければ、このヨーロッパ南東部の地域でまたしても戦争が起こる可能性が高い。西サハラでも、民族自決を求めるサハラウィの人々の願いがいつまでもかなえられなければ、ポリサリオ戦線は当面きっぱりと武装闘争を放棄しているとはいえ、いつか暴力が再発しかねない。停戦は一九九一年に合意されたが、それ以来、停戦の条件だったことの実現については、まったく何の進展もない。

インディペンデント・ディプロマットの仕事は実践的なものだが、もっと思想的な要素もある。世界に訴えるとき、自信と積極性を持とう、と僕たちは顧客と話している。というのも、実は多くの国や政治集団にとって、国際社会の制度が「自分たちの」ものだと感じられていないことがわかったからだ。こうした場は威圧的で近寄りがたく、ほんのわずかでも注意を払ってもらえば、ありがたく受けるしかない。でも、僕たちの顧客の権利は「お願いする」ものではなく、世界の市民一人ひとりと同じ、対等な存在として主張できるものだ。国連憲章やEUが仰々しく表明したところで、多くの人がこうした機関から排除されていると感じているし、こうした機関との関係が、対等なものではなく嘆願のようだと受け止めているのが実態だ。そう感じたとしても驚くにはあたらない。コソボも含めて多くの場合、彼らは実際に排除されているからだ。

偶然にも、僕たちの最初の三組の顧客は、民族自決を求めるケースだった。このうち二つ、コソボとソマリランドでは、民主的な政府が自分の領土を運営しているが（ポリサリオはいまのところまだ、領有を表明している土地を支配していない）、国家ではないため、国連のような政府間対話の場では、国家と対等の地位を与えられていない。民主的に選ばれた政府の首班であるコソボ首相が、国連安保理で自国をめぐる協議に出席できるように、インディペンデント・ディプロマットはようやく道筋をつけた。でもこのとき、首相は安保理議場のテーブルに座ることも発言することも認められなかった（セルビアには認められていた）。そして選挙を経ていない国連職員からなる、国連コソボ暫定統治機構の一員として扱われるという侮辱を受けた。安保理の官僚と外交官のこのような扱いは、コソボ首相に対する敬意を欠いた、尊大な態度だと僕は思い、コソボ代表団にもそう言った。彼らはもう慣れっこになっていると言った。

意外な反応

二〇〇六年夏の本書執筆時点で、インディペンデント・ディプロマットは、ロンドンとニューヨークの二つのオフィスに数名の職員を擁するようになった。今後、ブリュッセル（EU関係）とアジスアベバ（アフリカ連合）、その他の多極的外交の中心地にオフィスを構える予定だ〔二〇〇九年一月現在、ロンドン、ニューヨーク、ワシントン、ブリュッセル、アジスアベバの五拠点〕。僕たちのプロジェクトは世界中のアドバイザーや専門家からケースに応じて支援を受けている。支援のネットワークは幅広く、さらに広がりつつある。コソボ以外の二つ、ソマリランド政府と西サハラのポリサリオ戦線（第六章参照）も長期的な顧客だ。

外交に携わっていることに変わりはないとはいえ、イギリス外務省のキャリアとはずいぶん違う。むずかしいだろうと予想していたことは思ったより簡単だとわかり、逆に簡単だと思っていたことのほうがむずかしい。

イギリス外交官時代は、有力国の閉鎖的なサークルのメンバーとしての特権にどっぷりと浸っていた。そのサークルを離れたら、中で何が起こっているか、外から把握するのはむずかしくなるだろうと思っていた。「ほんとうの」外交官たちは自分たちが何をしているか、「非公式の」外交官である僕には話してくれないだろうと思ったからだ。

ところが、ふたを開けてみるとそうではなかった。驚いたことに、ほとんどの外交官も官僚も（西サハラやコソボ問題を扱う国連特使など）、仕事のことを率直に話してくれた。それどころか、一種の告解場として、インディペンデント・ディプロマットを使っているように思える人も多い。所属する組織に求められている考え方ではなく、自分個人がほんとうに何を考えているかを話す場所として使われている。

機会さえあれば、外交の公式の論法から生じる不満、あきらめ、絶望は、すぐに噴き出してくる。外交の形式的な伝統、専門用語、価値観が一種の拘束服になっていて、多くの外交世界の住人たちは、そこからなんとか抜け出そうとしているのだ。

イギリス外交官時代には決して聞かせてくれなかった話を、官僚たちは「独立外交官《インディペンデント・ディプロマット》」の僕にしてくれる。大使たちも、サハラウィの人々に対して本心ではもっている共感や、コソボ独立の必要性、あるいは外務省（や外相）への不満を話してくれる。公式路線に縛られなければ、ほんとうは何を考えているのかがわかる。外務省や多国間機関といった外交の重要機関のメンバーが、公式職務では認められないような政策やアイディアのリサーチをインディペンデント・ディプロマットに依頼してくる。外交の世界のこうした予想外の側面を、インディペンデント・ディプロマットは活用し、顧客のために役立てている。

一方で、資金を集め、組織を確立することは、思ったよりも厳しかった。インディペンデント・ディプロマットの顧客は、当然ながら、貧しく取り残されている側なので、組織が商業的に成り立つだけの報酬を払うことができない。それで、僕たちは仕事への支援を求めて、資金集めをすることになった。僕はナイーブにも、資金集め《ファンドレイジング》というのは、あちこちの財団に電子メールを送れば、そのうち多額の寄付金が舞い込んでくるものだと思っていた。いくつかのメールに対して財団の平職員からそっけない断りのメールが返ってきたとき、予想がまちがっていたことがわかった。

外交の世界では、インディペンデント・ディプロマットは温かく迎えられた。インディペンデント・ディプロマットが取り組もうとしている外交の欠陥は、多くの外交官にすぐに理解してもらえた。それどころか、「必要性はこんなに明白なのに、こうした組織がなぜもっと前にできなかったのだろう」と言った人も多かった。

でも、慈善団体などの財団の世界では、説得はもっとむずかしかった。多くの人たちにとって、外交はいまだに、きわめて閉鎖的な世界だ。外交官というのはどんなことをするのか、と説明を求められたこともあった。多くの大財団がもつ人道的な文化には、外交官などだれのためにもならないという不信感がある（これは僕の経験上、根拠がある）。ほとんどの人は、外交官と外交慣行を、根っから道徳観念の欠如したもの、リアルポリティークの血も涙もない計算によって動かされるものとみなしているようだ。そうだとしたら、独立《インディペンデント》しているとはいえ、外交官《ディプロマット》など、世界にどうして必要だろうか。

慈善団体やNGOを設立するのは、経験がある人ならだれでもうなずくことだろうが、大変な仕事だ。新参の組織には一種の自然淘汰が働いているように思える。資金提供する財団の側はしばらく様子を見て、一年後にどの組織が生き残っているか見きわめ、組織のもつアイディアや目標がほんとうに実現可能かどうかを検証する。厳しいが、このやり方はたしかに機能しているようだ。外務省で政策を決定する上級官僚と同じように、財団の方針を決定する人間のまわりでも、資金を求めて銀行口座に押し寄せるNGOの大群を追い返すのをもっぱら仕事にしているような番人たちがガードを固めている。

そのため、インディペンデント・ディプロマットに支持を集め、さらに重要な資金も集めるには時間がかかった。最初のきっかけは、イギリスで社会起業家を支援する団体、アンリミテッド（Unltd）が与えてくれた。そのおかげで幸運にも僕はクエーカー・ジョセフ・ラウントリー公益信託のフェローシップを受けることができた。

また、インディペンデント・ディプロマットとして受けた最初の資金提供は、ジョージ・ソロスのオープンソサエティ（開かれた社会）財団からだった。インディペンデント・ディプロマットが、カール・ポパーなら指摘したはずの欠陥に取り組むために設立されたことを思えば、ふさわしいことだった。

理想と代償

インディペンデント・ディプロマットを始めたことで得られた利点はいくつもある。僕は、ものを考えるときの独立心と良心をだんだんと取り戻し、気持ちが晴れ晴れしている。学生時代に政治と世界についてどう感じていたかも思い出す。やる気満々、興味津津、そして怒れる若者だった。ある意味で、正式な外交官になることで、自分のアイデンティティを定義づけていたものの一つが枯渇してしまっていた。現状の秩序の不正に目を向けて正そうとするより、その秩序を維持するように教えられていたのだ。

もっと予想外だったのは、テーブルの向こう側から見ることによって、ものの見方が根本的に変わったことだ。ソマリランド人やコソボ人の立場に立てば、ものごとはずいぶん違って見える。世界は自分に合わせて回っているようには見えず、その逆のように思える。国際機関は、運営する側の国の一員だった時代とはまったく対照的に、近寄りがたく、冷たく見えることが多い。

インディペンデント・ディプロマットが一緒に仕事をさせてもらった相手から、どれほど学ぶべきことがあったか、ということにもあらためて気づいた。ソマリランドのエドナ・アダンのような人たちの勇気とエネルギーが僕を謙虚にしてくれた。

インディペンデント・ディプロマットで働くということは、同僚も僕も、エドナや、コソボの最終地位決定交渉の代表団や、ポリサリオ戦線のリーダーたちと多くの時間を過ごすということだ。彼らの立場に立つということを学ばなければならない（これは終わりのないプロセスだ）。そうすることで僕は、自分の属してきた社会ではあまり目立たない価値観に目を開かれた。イギリスの議員は、世界の国々の模範として、イギリス社会の価値観を提供すると言う。けれどもイギリスの閣僚のなかに、自分の年金から資金を出して病院を経営している人が何人いるだろうか。コソボ（最近『ファイナンシャル・タイムズ』紙で「道義的に不毛の地」と形容された）で、僕や他の訪問者が受けた歓待と好意は、残念ながらイギリスでの経験とは対照的だ。「われわれ」には、彼らに教えることだけでなく、彼らから学ぶべきことがたくさんある。

こうした埋め合わせがあるとはいえ、正式な外交官から、独立外交官《インディペンデント・ディプロマット》への心の旅は簡単ではなかった。

イギリス外交官というアイデンティティを脱ぎ捨てるのはつらかった。僕は同僚たちを失ってしまうのが寂しかった。外務省から暗黙のうちに教えられた「正しさ」に安住できる感覚も失った。ものを考えるときの「国益」という枠組みも。新しい政治状況に直面したとき、「われわれ」の考え方をすぐに基準にできるという特権も失ってしまった。

自分自身でものごとに取り組むことを学びなおすのに僕は苦労した。最初は目が回りそうで、居心地が悪かった。外務省で吹き込まれた精神構造はそれほど深く根を張っていた。それなしでは、どうしていいかわからなかった。

もっとありのままに言えば、「僕はイギリスの外交官です」と人に言って、にこやかにうなずいてもらえること――それを失うのが怖かった。自分のキャリアに伴う地位に酔っていたと言わざるをえない（でもおもしろいことに、イギリス外交官でなくなったいま、お世辞を言われなくなった代わりに、イギリス外交について「ほんとうは」どう思っているかを聞かせてもらえるようになった……）。

一九八九年に一緒に「役所」に入った同僚は、局長クラスになり、邸宅と公用車をもつ大使になった人もいる。辞めたばかりのころ、このことを思うと、まるで家の郵便受けに到底払えないほど多額の請求書が詰まっていたときのように気が重くなった。僕は「役所」の美徳である、仲間意識とチームスピリットが懐かしかった。

この個人的な動揺と並行して、社会情勢でも崩壊が感じられた。新聞を読んでも旅行をしても、イギリス外交官時代に享受していた秩序と確実性の、なじみ深い感覚は消えてしまった。世界のなかで、経済的な力、宗教的な力、人間の行動の力が働いているのが見えて、こうした力はますます、政府や国際協力機関の手に負えなくなっているようだった。以前僕が、次々に届く電信や議事録というレンズを通して見ていた世界は、そこで描かれていたよりも複雑化し、混迷の度を深めているように見えた。国際会議は、仰々しい声明も、世界を動かしているという思い込みもそのままで、相変わらず開かれていた。しかしいま、国際機関の一部でなくなってみると、彼らが事態を掌握しているという話を信じる必要はなくなった。それどころか、そうでないことはますます明らかだ。

僕は困った。外交官としてだけでなく一般人としても、「政府の人たち」がどこにでもいて、ものごとを監督していると信じればこそ安心していられた。うまくいかないことがあっても、その人たちが正してくれる。でも、政府というものがどれほどまちがいを犯しうるか、また彼らが取り組んでいると称する問題についてどれほどお粗末な理解しかもっていないかを知ったいまでは、安心しているふりはできなくなった。映画『マトリックス』のネオのように、僕も赤い薬を飲み、世界を自分の願うとおりに見るのではなく、ありのままに見ている気がした。この荒涼とした現実。

負の連鎖を絶つために

二〇〇一年九月一一日、僕はニューヨークのイギリス国連代表部にいた。他の多くの人たちと同じように、僕も「対テロ戦争」の引き金になったできごとを目撃した。ニューヨークの街の恐怖と悲しみを経験した（僕のアパートは、犠牲者を悼む人たちの集まるユニオン・スクエアに面していた）。その夜、僕は友人に、政府がこの機会をとらえて存在感を示すだろうと言った。

ブッシュ政権が事件に名前をつけて、対応を練り、イギリス政府がそれを採用していくのを、僕は内部からつぶさに見ていた。「九・一一《ナイン・イレブン》」という呼び方から始まり（アメリカ政府がそう名づけるまで、ニューヨークではだれもそう呼んでいなかった）、「対テロ戦争《ウォー・オン・テラー》」というイメージの採用に至るまで。

最初から明らかだったのは、この「対テロ戦争」という用語が意図的にある特定の対応を意味したということだ。国際法に違反する軍事的対応だ。「西洋の敵」と位置づけられることを望み、歓迎しているアルカイダからすれば、そうした対応は思うつぼだ、という考えは、政策立案者の頭に浮かばないようだった。これは、僕のように何年も中東問題に関わり、アルカイダを見てきた人間ならだれにでも自明のことだった。

さらにもう一つ、明らかなことがあった。「テロリスト」問題を解決するには、どのような解決であれ、長期化し悪影響を及ぼす中東問題に遅まきながら取り組むことが欠かせない。なかでもイスラエルによるパレスチナの占領問題は、不正義を強く感じさせ、イスラム世界に対する西洋のアプローチに「二重基準《ダブルスタンダード》」があるという非難を巻き起こしていた。

四年後、僕がロンドンにいたとき、イギリスの若者による自爆テロが地下鉄とバスを襲った。

若者たちを殺人に駆り立てる動機、怒りの感情は、アフガニスタンやイラクへの侵攻で収まったりしなかった。それどころか、かえって強まっていた。

ロシア、アメリカ、イギリス政府は、「テロリスト」とか最近では「イスラム・ファシスト」という言葉を使いつづけている。対立の深層に潜む原因についての議論を抑え込む手段として使っている。パレスチナであれ、チェチェンであれ、どこであれ、こうした政府には原因に取り組む意思がないことをうかがわせる。一方で、こうした国々の政府は、「テロリスト」が僕たちの「価値観」や「自由」を攻撃しているのだと主張する。でも、テロリストの動機についてどれほどいい加減な読み取りしかしなくても、彼らの怒りの少なくとも一部を生み出した原因は、僕たちの「生活様式」ではなく、僕たちの政府の中東政策にあるということはわかるはずだ。

こうした政府はみんな、国民を保護し、世界の問題を掌握できるふりをしたがり、僕のような国民はそれを信じたがっている。二一世紀初頭の混迷のなかで、そうする能力を失いつつある政府は、なおさら声高にそのレトリックを使う。僕たち国民を保護するのだという主張を正当化するために、政府が野蛮な手法に走れば走るほど、攻撃しようとする側をさらに刺激してしまう。こうした連鎖に、僕たちははまりこんでしまったようだ。これがつづくかぎり、予測できるのは、さらなる暴力と混乱だけだ。

現代の国際問題の議論で、常套句が常套句であるのには理由がある。僕たちの直面する問題の多くが、国境を越える性質を持つようになっている。個別の国家による解決には向かず、共同歩調によってしか解決できない。テロリズムもその一つだが、病気（ＳＡＲＳ〔新型肺炎〕、鳥インフルエンザ）、地球温暖化、移民問題もそうだ。こうした問題に取り組むには、一つの国の国益を設定した上で他国の国益との調整をはかるという、従来の手法は理にかなわない。こうした問題の原因は複雑であり、その解決も、緻密で長期的な共同行動を必要とする。

五〇年以上前、カール・ポパーは思索を重ね、『開かれた社会とその敵』のなかで、なぜ民主主義が唯一の有効な政治制度なのか、精力的かつ徹底的に説明した。今日僕たちが向き合うジレンマは、世界民主主義がないことだ。政策の影響が世界中に及んでいても、政策を立案する側からは、影響を受ける側にほとんど接触できない。だからこそ、国境を越えて政策の影響を受ける側から、ニューヨークの国連安保理であれ、アメリカやロシア政府であれ、政策を立案し実施する側に働きかける道が必要だ。

インディペンデント・ディプロマットは、この問題へのささやかな取り組みの一手段だ。僕たちにアプローチしてきた政府や政治集団の数の多さが物語るように、必要性は高いのだから、インディペンデント・ディプロマットにはいっそうの成長と拡大を期待している。ただ、僕自身も、それだけで十分だとは思っていない。

第11章 外交の終わり

政治とは、自分自身に関わる事柄に人々を参加させないようにする術である。

——ポール・ヴァレリー

「政治というものは——」長きにわたって米下院議長を務めたティップ・オニールは言った。「ローカルなものだ」

彼はまちがっていた。現代の僕たちの生活においては、個人の感情を除けば、世界のどこか他の場所で起きていることに何らかの形で影響を受けていない側面は、一つもない。経済的、文化的、物理的環境の影響がどこまでも及び、侵食していることを考えれば、もしかしたら感情でさえ影響を免れないかもしれない。インターネットが紙に書かれた手紙に与えたのと同じインパクトを、グローバル化は、地域性という概念に与えた。政治というものは国際的なものだ。

グローバル化のなかで

グローバル市場とグローバル生産の広がりとともに、中国珠江河口デルタの賃金水準が、ウェールズ南部やペンシルバニアの労働条件にどれほど影響を与えるか、よく知られるようになった。では、酪農補助金が移民問題に与える影響は？（解答――欧米諸国の農業補助金が発展途上国の輸出収入を減少させ、その結果、途上国では収入と雇用水準が低下し、合法的、または多くの場合は非合法の移住を促す圧力が高まる）

僕たちの定年後の計画は、会社が中国や韓国の競争相手にコスト面で対抗するため、どれほど年金を削減する必要があるかに左右されかねない（ゼネラルモーターズが思い知ったように[◇01]）。EUの食糧基準は、僕たちの朝食のゆで卵の色と形を規制している。

世界中で、僕たちの口に入る食べ物も吸い込む空気も、国際的に課された規則、あるいは少なくとも国際的に普及した規範に、ますます強く影響されるようになっている。何もかもが、互いに関わりあっている。

現代の生活で、国際的な側面を持たないものを挙げるのはむずかしい。ファッション、有名人といった、以前ならまったくローカルだったものさえ、国際的になりつつある。ベネトンやルイ・ヴィトンは、ヨハネスブルクでもサンパウロでも同じように認知されている。

移動が容易になったために、いくつかの豊かな国と他の国々との生活の格差から、移民の流れが生まれてきた。そのため、歴史上のどんな社会運動や革命さえもしのぐほどのスピードで、社会が変わりつつある。

国連の最近の調査によれば、現在、二億人以上が自分の生まれた国以外のところに住んでいる。一九九〇年から二五パーセントの増加だ（そして、まちがいなく増加率は上がっている）。グローバルな文化とは、ブリトニー・スピアーズやMTVをだれでも知っているということだけではない。シエラレオネのギャングが（以前の内戦時代には残虐な民兵も）、サウスセントラル・ロサンゼルスの文化――簡単に暴力に訴えることも含めて――を見習うということでもある。世界は流動している。

このような見方は現在では広く受け入れられ、まったく当たり前のこととされている。でも、首をかしげざるをえないのは、グローバル化された二一世紀の世界をまとめていくために、いまだに一九世紀や二〇世紀の方法を使っているということだ。

外交の装置と国際関係をめぐる思考法は、ほとんど変わっていない。「国際関係」や「外交問題」は、別建ての議論として扱われる。現実には、他のどんなことにも本質的に関わりをもち、切り離することができないにもかかわらず。別の議論として切り離すことによって、外交を実践する側も研究する側も、不自然な考え方に陥っている。

大学では、学生がとる「国際関係」のクラスで、こうした激動の世界に秩序を与えようとして教えられているのは、自由主義、新自由主義、現実主義といった理論だけだ。

立法機関では、外交問題の議論は特別委員会や専門会議に押し込められている。出席者もほとんどなく、「専門家」が、イランやイスラエルやベネズエラの動向を、まるでシャーレの中のアメーバのように分析している（もちろん例外なく図式的に）。

一方、外交官は、国民のために働いていることになっているにもかかわらず、めったに国民の目に煩わされることもなく、名前が出ることも、ほとんど検証されることもなく、仕事に精を出している。

政治の国際的側面の重要性が増すにつれて、国内政治はますます取るに足りないものになってきている。西欧では政党間の政策の差が小さくなり、自由主義・市場重視の政策に収斂している。政策をめぐって中身の濃い議論を闘わせることを否定され、政治の焦点は、政治家の性格とか（イタリアの二〇〇六年の議会選挙がいい例だ）、ほとんど違いのない政策の実行にあたって信頼できそうな人物かどうか、という点に絞られる。

それでも有権者は、何か重要なことが起こりつつあると直感的に感じているし、それは当たっている。移民問題、グローバル化、テロ問題が重なり合って、不安感が強まっている。こうした力はもちろん、中国から南アフリカまで、世界中で働いている。そして僕たちは、こうした力と折り合いをつけることができる政治を必要としているのだ。

理論的には、僕たちは、カール・ポパーの指摘した「民主主義の赤字」に直面している。民主主義は、国家のレベルでは機能している。有権者が政府にフィードバックを行い（選挙その他の方法を通して）、政府はまちがった政策を修正することができる（完全な知識をもてる政府はなく、政策はどうしても誤りを避けられない）。しかし、民主主義の最大の長所である、このフィードバックシステムは、国際的なレベルでは働かない。国際的な対話の場で決定される政策から影響を受ける側、あるいは、A国の政策によって影響を受けるB国の市民は、政策が正しいかまちがっているか、政策立案者に知らせるすべをもたない。国際問題には民主主義がない。

外交の世界を変える

この欠陥に対してどのような取り組みを始めるか。方法はたくさんあり、なかにはラディカルなものもあるが、どれも実行可能なものばかりだ。

第一に、そしてもっともシンプルなことだが、外交の話法を地に足のついたものにすること。もったいぶった、まぎらわしい外交用語は簡略化するか、できれば使うのをやめる。

たとえば、「グローバル化」という言葉なら、意味をはっきりさせないまま多用されているこの言葉よりも、「世界の文化の均質化」「資本市場の開放」「労働力の流動化」など、意味に応じて使い分ける。「大量破壊兵器（ＷＭＤ）」という、混乱を招き、恐怖心を植えつける言葉の代わりに、「核・生物・化学兵器」と言い、それぞれに異なる性質と性能を説明する。[◇02] 国連安保理は「理事国間非公式折衝」などと言う代わりに、「非公開協議」と言えばいい。そして公開会議は、ほんとうに公開されるべきだ。世界中の多くの民主国家で、立法機関の一般傍聴が認められている。国連でも認められるべきだ。ＥＵのような機関の官僚は、多極的な外交機関特有のむずかしい言葉づかいの簡素化に努めなくてはいけない（「ＣＦＳＰ」、ドイツ語では「ＧＡＳＰ」が「共通外交・安全保障政策」だとか、「ＣＯＲＥＰＥＲ」が「常駐代表委員会」〔ＥＵ内部の交渉の多くが実際に行われるところ〕だとか、やっかいなものがたくさんある）。

第二に、外交の世界の風通しをよくすること。でなければ、外交は消滅することになる（以下を参照）。「セキュリティ・カウンシル・リポート（安保理報告）」という名の新しいＮＧＯが、ウェブサイト[◇03]で、過去から将来までの国連安保理協議について詳しいブリーフィングと報告を公開している。この成果はすばらしく、広報に消極的な国連の運営を理解しようとする多くの人にとって非常に役に立つ。でも、そうした報告をするうえで、本来ＮＧＯは必要ないはずだ。安保理自身と、多くのスタッフを擁する事務局が、こういうサービスの提供をすすんで行ってもよかった。それが、安保理の正当性と有効性を強化するのに役立ったはずだ。ＥＵや他の主要な多極的機関（ＷＴＯやアフリカ連合）も、代表役として機能しない閉鎖的機関と見られたくなければ、同じようにするべきだ。

なかでももっともシンプルなことは、こうした機関が、どの職員が何をしているかを示したリストを公表することだ。現在、国連やＥＵ、ＷＴＯに電話して、パレスチナ問題であれバナナの輸入であれ、何かの問題について「責任者」と話すのは、ばかばかしいほどむずかしい。国家のレベルでは、外務省も同じようにすること。イギリス外務省では、省の人名要覧は機密文書だ。その結果、一般市民にとって、自分たちの名のもとに政策を決定している役人とコンタクトを取りにくくなっている。

外交を取り巻く、特権と秘密主義のベールを取り去ること。外交には何も特別なことはない。実践するのに、別に天才的な能力がいるわけではない。外交は、この真実を隠すために扉を閉ざしているところがある。外交官に対して、一般の公務員に対する以上の敬意は必要ない。「大使閣下」「公使」その他の凝った肩書きや、公式の場で大使が身につける花形章付きの帽子や綬《じゅ》といった外交官特有の服装は、博物館に展示して、他の前世紀の遺物のとなりに並べればいい。

第三に、説明責任を果たすために、もっと踏み込んだ方法を確立すること。外交官は検証を積極的に受け入れ、みんなと同じように自分の決定に責任をもつべきだ。

イギリスでは情報公開条例が導入されて、外交関係者は動揺した。だが、まだ非常に多くの情報が、国家安全保障という名目で必要以上に機密扱いされている。議会が外交問題を討議するのは、月にたった一度の外相質問のときだけだ。そこでは、ばかばかしい光景がくり広げられる。議員からあらかじめ提出されていた質問の長いリストに、外相が恐ろしいスピードで答弁していく。非常にデリケートで複雑な問題（パレスチナからジンバブエまで）に、これ以上は短くできない最小限の答弁をしていくのだ。それでも、すべての質問に答えきれないこともあるほどだ。もっとも、少なくとも、イギリスの外相は議会に姿を見せる。アメリカの国務長官は上院でも下院でも、議会では答弁しない。

一方、アメリカでは、大使は任命される前に、議会の委員会で質問を受ける（イギリスにはこうしたシステムはない）。だが上院も下院も、国務省その他の外交関係部署内部の仕事については、蚊帳の外に置かれている。どういうわけか、外交は一般人の関わる問題ではないということを、だれでも受け入れるようになっている。

アメリカでもイギリスでも、外交を審査する委員会を立法機関が任命する。両国とも、外交それ自体の専門家気取りとエリート主義を反映して、こうした委員会への任命は、もっとも経験豊かな最長老議員に限られる（議員たちは発言するとき、大使その他の「国家を代表する方々」の仰々しい話しぶりをすぐにまねしがちだ）。アメリカでは、こうした委員会は、スタッフも予算も十分だ。イギリスでは、外交問題委員会はあまりに恵まれていないので、年に数件の検討をするのがやっとだ（それで、「対テロ戦争」や「グローバル化」など、大きすぎて意味のない問題が選ばれがちになる）。とはいえ、委員にとっては運のいいことに、重要な「情報収集」のための訪問には、なんとか予算が足りる（訪問を準備する外交官は高級ホテルを予約し、予定のなかで「買い物」にたっぷり時間をとるよう気をつけている）。そしてどちらの国でも、委員会の仕事は、「国際関係」と言われる範囲に限られている。

ほとんどの政策も何らかの形で世界の他のところで起きていることに関係がある、という現実を認めるなら、外交政策もまた、政府とその抑制と均衡《チェック・アンド・バランス》に全面的に組み入れられなければならない。現時点ではそうではなく、独自の規則、用語、伝統をもつ、切り離された議論として扱われている。実際、エリート主義はこの切り離しの反映だ。正当化できない切り離し（そして検証を免除されること）を正当化するために、外交官は自分たちのエリートとしての地位を絶えず表明している。

外交官を廃止する

ここで、もっともラディカルな提案をしようと思う。外交官という特別な集団を丸ごと廃止すること。国際的なコミュニケーションと調整がもっとも必要とされる時代に、外交官をなくすのだ。[◇04]
理由は一〇ある。

1　外交官が存在すれば、外交と国際関係が他の政策領域とは別個の特殊な性質をもつということを追認することになる。だが実は、切り離すことができないほど結びついている。

2　外交官はジェネラリストの傾向があり、貿易からテロまで、現在僕たちの世界を支配するグローバルな問題の複雑さに対応する能力を欠きがちだ（職務開始前の入門研修で過ごしたわずか二週間がこのことを如実に物語っている）。

僕はイラクの武器問題に関する機密情報を読み、他の外交官とその問題を論じて四年半を過ごしたが、僕の知識は、生涯それを専門にしている専門家に及ばない◇05。地球温暖化といった問題は、科学的にも政策論上も、交渉を取り仕切るために一時的に任命されたにすぎないような外交官の把握できる範囲を超えている。テロ問題に関しても、国連総会で、テロの定義をめぐる数十年の議論に決着をつけようとした当時の大使が次のように言うのを聞いたときは、穴があったら入りたかった。「テロリストのように見え、テロリストのように行動し、テロリストの〝匂い〟がしたら、それはテロリストなのです」（強調は大使自身によるものだ）

3　国全体の願望や要求を、一人の外交官、一つの大使館、一人の大使が代表しているふりをするのはばかげている。一人の個人がこうした要求に正確に優先順位を付け、バランスを取ることができるという発想は、特に何の検証もされない場合、到底正当化できない。一八世紀、国家の国際的な要求がはるかにシンプルで数も少なかった（そして、民主主義がなく、国民は受け入れる以外に選択肢がほとんどなかった）ときには、そう考えられたかもしれないが、僕たちが現在生きているような、互いに広く関わりあう時代にはふさわしくない。

4 その代わりに僕たちが必要としているのは、従来の外交のもつ、狭くて時代遅れの構造を避けながら、政府間のさまざまなレベルでつながりを強化することだ。

いくつかの点で、すでにそうなっている（たとえば、一九九〇年代初めのドイツ配属時代、ドイツ首相が大使との会見を拒否したことに僕は驚いた。首相は大使を重要視していなかった）。ヨーロッパでは、従来の大使館経由をやめて、各国の国内問題担当の閣僚同士が、EUを通してかなりの仕事を互いに直接行っている（一連の近寄りがたい多極的な機関を新たに設置するということを通してではあるが）。地球温暖化のような環境問題の協議は、ますます各国の環境省によって扱われるようになっている。国際的な側面が国内政策に入り込んでくるため、国内問題の担当省が、従来は外交官の領分だったところを引き継ぎつつある。このプロセスは有効に加速させることができるだろう。

5 また、現場の外交官は、地元の政治動向の見きわめについてあまり有能ではないこともわかった。駐テヘラン英大使館は、一九七九年のイラン革命の発生を察知できなかった。この教訓にもかかわらず（当時の大使の名誉のために言えば、彼はどうすれば自分の失敗を避けられるか伝えている）[06]、同大使館はまたしても二〇〇五年に、マフムード・アフマディネジャド大統領の選挙での勝利を予知することができなかった。

どうしてこのようなことが起きるのかは明らかだ。関わった人間の個人的な能力とはほとんど関係がない。外交官の配属期間は短い傾向があり、普通はごく少数しか現地言語の訓練を受けない。快適さと、最近は特に安全性を求めて、国を離れた者同士の気楽な、孤立したサークルに身を置きがちになる。そこでは「地元人」とのコンタクトはほとんどない。自国と似ていない国（パキスタン、中国）では、特にこうした傾向が強い。こうした国でこそ、理解がもっとも必要なのはまちがいないのだが（また、こうした「困難」国への配属期間は短くなりがちだ）。

そのため、政治動向の見きわめは、一時的に配属された外交官よりも、現地言語を流暢に話し、現地の習慣にも慣れたその国の本物の専門家が担ったほうがうまくいく。すでに国際危機グループ[07]（ＩＣＧ）というＮＧＯが、世界の紛争地にそうした専門家を派遣している。ＩＣＧはまた、現地の専門家（元ジャーナリストや政治学者など）を雇うというラディカルな一歩を踏み出した。ＩＣＧの報告は、外交官として僕が書いたり読んだりした「省内」電信よりも洗練され、情報にも恵まれていることが多い（電信がしばしば機密扱いされるのに対して、こうした報告は世界のどこでもインターネットで手に入れられる）。

二〇〇四年にコソボを揺るがした暴動の後、僕は国連特別代表とともにニューヨークの国連本部をまわり、何が暴動につながったのか説明した。僕たちが話した相手はみんな、平和維持活動局（DPKO）の上級スタッフも含めて、コソボからの国連自身の報告ではなく、ICGの報告を参考にしていた（報告を作成したのは、現地で長年の経験をもつイギリス人と地元コソボ人だった）。ICG報告のほうが客観的（かつ国連に批判的）で、端的に言って、優れていた。

6 外交官にとっては、外交の秘密主義の伝統を守ることに、自分の存在意義がかかっている。自分たちの役割に与えられた地位と神秘的な雰囲気を守るために、外部の人間を排除する。外からの侵入に脅かされれば脅かされるほど、ますます固く扉を閉ざす。

この傾向は、国連安保理ですでに明らかだ。公開協議を求める声に抵抗している人間たちは、もし公開すれば、「ほんとうの外交」（第三章と第九章に書いた、険悪な議論のこと）は、こうした対話の場からはじき出されて、もっと非公式の場所に移るだろうと漏らす。たしかにそうだが、公開したくない理由はそれだけではない。国家が秘密にしておきたいと思うことは秘密にされる。ずっとそうだった。

7 外交官の存在は、国際関係について、国家中心主義の「現実主義的」思考を追認しがちだ。外交官は、国際的には、（政府のではなく）国家の代弁者だ。この思考法のせいで外交官は、国民国家や時代遅れのつくりあげられたアイデンティティ（第五章参照）から自分の立場を明確にすることを強いられ、その結果、国家間の違いが強調されることになる。また、国家という強制力のある機関がなければ世界は混沌に陥るという、ホッブズ的世界観にもとづいて、それを強化しつづける。こうした思考法は循環論法で（国家は安全保障を提供する。国家がなければ安全はない）、紛争を減らすどころか悪化させる（「予防戦争」という概念は、まさにこの例だ）。

対イラク制裁をめぐる国連安保理協議で、外交官の間には相変わらず（個人的反目も入り混じった）溝があり、合意はほとんど想像もできないほどだった。二〇〇一年、イラクへの輸出禁止品目の「監視リスト」に合意する必要があったときのことだ。問題の品目には専門的に非常に複雑なところがあったので、それについては民生・軍事両用物資やその他の軍事技術の専門家に交渉を委ねることになった。外交官の驚きをよそに、それまで外交官が何カ月も論戦をつづけてきたリストについて、専門家はきわめてあっさりと合意に達することができた。専門家にとって、フセインのイラクへの輸出が潜在的に危険なものは何か、そうでないものは何かという問題は、合意がむずかしいものではなかった。

8　この国家中心主義的、「現実主義的」思考法には、本来、道徳観念がない。僕のような外交官も含めて、それを代弁する人間は、自分自身の道徳観の放棄を迫られる。長く外交官をしているうちに、国家の論理が個人としての倫理感を完全に取り込んで（あるいは見えなくなるほど覆い隠して）しまいがちになる。

外交機関では、道徳観念のない国家の論理が個人の倫理観より優先するという考え方は、絶えず強化されつづけるのだ（「国家的理由」などによって）。このため、対イラク制裁や国連安保理の西サハラ問題への対応といった、道義にもとる、まちがった政策がとられる恐れがある。こうした政策は、「現実主義的」な安全保障中心の思考法では理にかなっているが、人間の苦しみを軽減する、紛争を解決するといった道義的観点からは、ほとんどまったく正当性がない。外交官のような地位をもたず、一般市民の関心に近いところにいることの多い一般の公務員は、この道義的無感覚に対してもう少し免疫をもっていると思いたい。

9

国家をすぐにでも厄介払いできるわけではないけれど、国際問題に関わる国家以外の多くの関係者の重要性を認め、もっと重きをおくべきだ。頂点に外交官が居座れば、こうした他の関係者を脇へ追いやってしまい、包括的で有効な政策決定ができなくなる。

政府は、世界のできごとに責任を負っていると考えるのが好きだ。外交官は、この唯我論的世界観を追認するために存在し、追認するのは外交官自身にとっても大きな得になる。外交官の書く報告や電信は（いずれ公開されたらわかるだろうが、今日でもそうだと思う）、世界の諸問題がどうすれば解決できる可能性があるかを述べた、もったいぶった発言に満ちている（またもや全能の「われわれ」だ）。

これは、外交官が仕える政治家の自意識をくすぐり、外交官自身の自意識もくすぐる。だが、彼らはまちがっている。政府も外交官も、世界のできごとを動かしているというよりは、無力な目撃者にすぎない（非常に無力とまでは言わないが）。歴史からうかがえるのは、政府の究極の領分——戦争の遂行——でさえ、さまざまな予想できないきっかけや影響があるということだ。政府は、全面的に責任をもっているどころではない。国際的な政府間機関や、国際問題を担当する機関はどれも、この現実をもっと踏まえるべきだ。

閣僚の訪問を準備したり、パスポートをなくして途方に暮れる旅行者の面倒を見たりするため、大使館はまだ必要だろう（それどころか、観光が活発になるにつれてますます必要になるだろう）。また、どうしても制約があるとはいえ、駐在先の国の実情について、ある程度きちんとした現場の分析を提供することもできないわけではない（政策決定が本国の首都に集中し、現実との乖離が広がるなかでは、この必要はかえって増している）。

ところが、EUではすでに、加盟国の大使館は、現地の官僚・閣僚に会うために続々とやってくる自国の官僚・閣僚の訪問団のバス発着所になりつつある。財界人のグループもやってきて、顧客やビジネスの相手を感嘆させるために、会員制クラブか何かのように大使館を使う（武器産業のように政府のおぼえのめでたい業界は、この特権の恩恵にもっとも浴する傾向がある）。こうした大使館の大使は、公邸を宿泊に使う引きも切らない公式訪問客にじっと耐え、名誉あるホテル・マネジャーと化して、立派な食器をあきあきするほど並べては片づける。◇08

かつて思い描かれたような職業外交官、他国において自国の政治的要求を全面的に代表する全権大使といったものは、すでに過去のものになっている——あるいは近い将来、絶滅する。

10 一方、一般市民にとっては、外交官の利己的なエリート主義と偽の全能ぶりが、居心地のいい幻想をつくりだしてきた。外交官が目を光らせてくれるから、僕たち一般人は安心して生活をつづけていればいい——この幻想はもう通用しない。無責任同士のもたれ合いは終わりだ。僕たちは、自分自身に関わる国際問題にもっと責任をもつべきだ。僕たちの投票も行動も、国際的な影響を及ぼしている。果物を買う、清掃係を雇う、休暇をどこで過ごすか選ぶといった行動さえ国際的で、それなりに、一つの外交の形だ。だれもが外交官なのだ。

理由ははっきりしているが、この現実を最初に受け入れたのは、私企業だった。
大銀行や製造業のトップはいまや、政治家より頻繁に中国を訪れている（だから中国のことをずっとよく知っている）。

多国籍企業はずっと前から、場所もアイデンティティも国の壁を超えている。エクソン・モービル社は、多くの取引相手国の政府の動向を注視し交渉する、大きな政治部をもっている。マクドナルドとグーグルは独自外交を効率的に行っている。彼らの決定の多面的な影響はそれだけ大きい（地域的、国際的、社会的、経済的にも、美意識面、環境面でも）。

二〇〇六年、アメリカを訪問した中国の胡錦濤国家主席は、米議会を訪れるよりも前に、そして議会よりも長い時間をかけて、シアトルのマイクロソフト社を訪れた。この訪問を見た僕は、昔なら大使がしたはずのと同じやり方でビル・ゲイツが国家主席に付き添っているのを見て、ショックを受けた。株主と消費者は、物を選ぶとき、このことを意識するほうがいい。

この傾向についてコメントする評論家のなかで、特にトーマス・フリードマンなどは、こうした大規模な商業的相互関係が建設的な影響をもつはずだと言っている。たとえば、インターネットは公開性と表現の自由を促進するに決まっている、と。

しかし、現実からうかがえるのは、ビジネスやテクノロジーの影響が、多聞にもれず二面的だということだ。グーグル、ヤフー、マイクロソフトの三社はみな、中国で検閲と抑圧に手を貸したと、アムネスティ・インターナショナルから非難されている。[09] いくつかのサイトをブロックするようサーチエンジンを調節し、装置を提供した。ヤフーは、中国当局がオンラインで反政府批判をしている人を特定するのに手を貸したという。これに対して三社は、一私企業には中国の法律を変えることはできない、法律には従わなければならない、と反論した。だから解決策は明らかだ。[10]

こうした力が役に立つためには、それが正しい方向に向けられることが肝要だ。現在では、労働者の権利の保護であれ環境基準の強化であれ、効果的な外交には、民間企業、市民社会、政府といったさまざまな関係者が協働し、効率的な行動をめざして協調する必要がある。外務省が、将来も政策と変革の担い手として存在意義をもっていたいなら、[11] こうした協調をどのように組織するか、こうしたさまざまな関係者や政策の担い手をどうやって結集して、方向性を示し、情報を提供するかを考えなければならない。

グローバルウィットネスというNGOは、悪質な政府と取引業者が木材やダイヤモンドなどの天然資源を悪用して、どれほど戦争をあおっているかを追及してきた。「紛争《コンフリクト》ダイヤモンド」という概念が広く知られるようになったのは、このNGOのおかげだ。西アフリカではダイヤモンドの採掘が（恐ろしく劣悪な条件でなされることが多いが）、軍閥に支配されていた（リベリアのチャールズ・テイラーがもっとも悪名高い）。国際的なダイヤモンド取引企業はこうしたダイヤモンドを買いつけ、一般向けに販売していた。ダイヤモンドの売却益はカラシニコフ銃や携行式ロケット弾（RPG）の買い入れにまわされ、それがリベリアやシエラレオネなどの残忍で破壊的な戦争で使われた。

グローバルウィットネスの活動によって、紛争をあおり継続させる、このような関係に注目が集まるようになり、その結果、各国政府と、限られた範囲ではあるものの、ダイヤモンド産業自身も対応を迫られた。こうした取引を禁止する世界的な規則や規範ができるまでには、まだ長い道のりが残っている。グローバルウィットネスが細々と運営され、慈善財団の資金提供を受けているという事実からして（創設者たちは最初の資金集めをするのに、募金箱を抱えて地下鉄の駅に立った）、彼らの発想がまだ外交の主流にはないことがうかがえる。

外交実務と外交プロセスは、ずっと幅広い多様性をもつものに変わる必要がある。それはもはや「外交」という一つの名前をつけるべきではないものかもしれない。

コスモポリタニズム

外交がこのように変わることの他にも必要なステップがある。その一つとして、今日の国際関係の本質と外交にこれほど深く根を張っている、国家中心主義の思考法を意識的に放棄することだ。これは外交プロセスというより、国際関係の本質に触れることになる。僕たちは理想主義の領域に一歩を踏み込まなければならない。

コスモポリタニズムは紀元前四世紀の古代ギリシャ社会にさかのぼる。コスモポリタンとは、世界市民、つまり、ある特定の国や政策を超える忠誠を抱く人だ。最近の議論を見ると、[◇12]コスモポリタニズムは、「自国以外の人たちに対して義務を負う」という考えだ。異なる文化をもつ人間の生き方を真摯に受け止めることだ。異文化圏に生きる人々と、たとえ考え方は違っても、共生していくことが求められている。

大規模な相互関係をもつ世界では、それ以外にほとんど選択肢はない。今日の世界では、チェチェン問題に対するロシア政府の対応によって、ロンドンやニューヨークで地下鉄に乗る僕たちの安全が左右される。パキスタンの労働条件は、ヨーロッパの雇用を左右する。オーストラリアの二酸化炭素排出が、サセックスやユタ州の生物多様性を危機にさらしたり、モルディブで海面の上昇を引き起こしたりするかもしれない。もう少し利己的でない例をあげれば、ダルフールの悲劇は僕たちを揺さぶらずにはおかない［スーダン西部ダルフールでは二〇〇三年から大規模な民族紛争が続いている］。

僕たちにとって最大の気がかりであり、安心感と実際の安全の両方を揺るがしているものの多くは、古典派経済学や国際関係理論による従来の測定にはそぐわない。たとえば、他の人たちの苦しみに対する僕たちの懸念は、簡単に定量化できるものではない。[◇13] 自然に対する本能も同じだ。この人間の深い特性は経済理論では測れないが、数えきれないほど多くの研究で示されてきた。計測や計算を超えるものはたしかにある。九〇年代初め、ボスニアへの不介入に関してイギリスやアメリカの国益を計算していた人間は、だれひとりとして、自分たちの決定がエジプト（や自分の住む国）のムスリムに、ときには何年も経ってから、どのような影響を及ぼすかを考えてみようとしなかった。


二一世紀のいま、さまざまな力が働いて泥沼的状況や混迷を生み出しているなかで、僕たちは、進む道を示す道しるべを必要としている。結びつきの弱かった時代の直感や先入観も役に立たないことはないが、それでは足りない。ブレア首相が言ったように、僕たちの前にあるのは、絶えず変わりつづける万華鏡のような世界だ。千差万別の色と形に目がくらみそうな僕たちにとって、決定を下すには、やはり指標となってくれる基準がいる。

外交の将来のために提唱してきた、多様性を認める寛容な姿勢とは対照的だが、どうしても必要なものがある。お互いをどのように扱い、グルーバルな共生を図っていくかをめぐる、普遍的な、あるいは少なくとも共通の考え方。規則とまでいかなくても、共通の規範が必要だ。

こうした考え方には、当然ながら危険もある。今日、問題の多くは、古典的な「コモンズ（共有地）の悲劇」だ［だれでも利用できる土地で乱用により資源が枯渇し全員が害を被ること］。危機回避策は利用者にとってコストを意味し（たとえば二酸化炭素排出税）、「ただ乗り」が得になる。単一の基準を提唱すれば、僕が前の章で批判していた図式化と同じではないかという非難がすぐに出てくる。

でも、チェチェンでの蛮行に（選挙という観点からは）何の代償も払っていないロシア政府が、（ニューヨークが代償を払っているからといって）政策を変更する気になるだろうか。外交政策につきまとう深刻な問題の一つがここにある。非常に多くの場合、政策を決定する人間は、影響を被る人間ではないのだ。

ここで、ふたたびポパーが指標となってくれる。国の外交政策の決定について、国益にもとづく現実主義的なモデルは、競争的で長期的視野を欠き、結局は、非生産的な政策を生み出しがちだ。それにポパーが言うように、たとえ勝手を知った国内政策でも、何が正しいかを知っているなどと表明することは、どの政府にとってもむなしい行為だ。知識はどうしても不完全で、政策決定にはまちがいが付きものだ。ポパーはその代わりに、政策の出発点として単純な基準を提案した。「苦しみの最小化《ミニマイゼーション・オブ・サファリング》」だ。これは、政策決定の普通の計算である、「われわれは何を求めるか」の対極にある。人間の要求はあまりに多様で知りえないこともあり、全体をつかむことは不可能だ、とポパーは言った。だから、政策決定は反対側から始まらなければならない。

この基準は、個々のケース――たとえば、ダルフールの苦しみをどうすれば最小化できるか――について、決まった指標を与えてくれるわけではない。しかし、政策の目標と出発点をめぐって、さまざまな異なる目的のなかで翻弄される代わりに、方向性が見えてくる（「安全保障」「安定」「自由」などの目的についてまわる疑問がある。「だれの」ということだ）。どのような政策であれ、苦しみの最小化という大きな目的以外の細部を決定するには、押しつけられた思考法のモデルやワンフレーズをできるだけ避け、どのような状況についても事実や現実と真正面から向き合うことが欠かせない。

また、苦しみの最小化という目的は、一つの文化や宗教に属するのではなく、普遍的なものでもあり、国際社会が合意できる可能性がある。人権や発展といった人類の向上をめぐる法律や制度に決着をつけようというのではない。みんなが合意できる新しい共通の方向性に向かって、人類を再結集しようという試みだ。現在の不和を乗り越える新しいコンセンサスが必要なのだ。

グローバルな政治とは

こうした共通の目標に合意できたとしても、実現にはやはり何らかの制度がいる。悲しいことに、国際協力のための制度、なかでも国連は不健全な状態にある。

アメリカの右派から日常的に批判を向けられたことで、国連に対する一般の信頼はすでに大きく傷ついていたが、「石油食糧交換プログラム」をめぐるスキャンダルがそれに追いうちをかけた。アメリカ右派は国際法と共同歩調にはきわめて懐疑的だ。国連の各地の代表部で働いた僕自身の経験からしても、情実主義と非効率に内部をむしばまれた組織だというのは裏付けられる◇14（もし国連でのキャリアを望むなら、仕事などするより、国連組織の上層部に「友人関係」を築くことだと、代表部の上級外交官にアドバイスされたことがある）。

一方で、五常任理事国の閉鎖的サークルの外に置かれている多くの国々にとっても、国連の権威は弱められている。国連のもっとも強力な機関である安保理のメンバーが世界各国の代表とはいえず、そしてそのために、多くの決定（あるいは未決定）が恣意的で、不公正になるからだ。こうして、法的、道義的権威はなおさら弱くなっている。

そのため、どのような改革も、この双子の問題に取り組む必要がある。改革は急を要するにもかかわらず、欧米以外の世界には、「機構改革」などといっても、アメリカが国連の弱体化を図っているものではないかという不信感がある（アメリカが、国連に敵対的なことで知られる人物を国連大使に任命したことから、こうした不信感が強まった）。事務総長以下の国連トップは、改革を望むのはやまやまだが加盟国の同意なしにはできない、と表明している（実は、政治的に合意を求めなくても内部でできることはかなりある）。

改革がなされるなら、新しい協約（国連が設置された、サンフランシスコ講和会議のような）の形をとった、包括的なものでなければならない。安保理理事国の拡大と国連憲章の改革も含まれる。

事務総長のハイレベル委員会の良識的結論に取り組むことになるかもしれない。委員会の勧告、特に武力行使に関する国際法の見直しは、実現しないまま棚上げされている。

安保理改革に困難が伴うことはよく知られているし、すでに何度か失敗している。理由は主に、理事国候補の間で、どの国が理事国に加わるべきか合意が得られないこと（どの候補国にも、その国が理事国にならないことを望む強硬な「反対派」がいる。インドに対してはパキスタン、ドイツにはイタリア、日本には中国など）、そして常任理事国に熱意が欠けていることだ。常任理事国は、安保理拡大への支持をしばしば口にはするものの、内心では現状の特権（拒否権）の維持を望んでいる。国連の権威の失墜はこの独善的な姿勢の結果だということを、常任理事国は理解する必要がある。

マーク・マロック＝ブラウン国連事務次長が言ったように、[◇15]アメリカは、あらゆる面で国連から大きな恩恵を受けていることを認識しているにもかかわらず、それを公に認めることはきわめてまれだ(アメリカが自国軍を派遣したくない場所での、格安の平和維持もその一つだ)。一般的にいって、すべての民主国家にとって、国際法の支配を維持するほうが得だ。でなければジャングルの掟が支配することになる。共産主義（もしこの言葉が正しければ）の中国が、いまよりもっと、グローバルな規則に縛られる必要を感じなくなるような世界が望ましいだろうか。

だが、ここまで見てきたように、外交の正当性の危機には、単なる政府への不満以上に根深いものがある。

僕たちの問題はグローバルであり、取り組むにはグローバルな政治が必要だ。

国連は各国政府による機関であり、現在のような形では民主的組織にはなりえない。全加盟国が民主国家だったとしても、それでも政府間機関に付きまとう問題を抱えることになる。国連は、調停される当事者の現実から何重にも切り離されたところで運営されている。国連の政策決定に関わる人間は、どうしても、その政策の影響を受ける人々より、交渉相手国の政府の要求に注意を払うことになる。何事にせよ決定に到達しようとすれば、そうならざるをえない。

環境や貿易についての国際会議のなかには、政策決定権限は認めないものの、NGOの参加に対話の場の門戸を開いたところもある。しかし、NGOにはNGOなりの正当性の危機がある。NGOはだれを代表しているのか。広く会員を集める団体（グリーンピースやアムネスティ・インターナショナル）はこの課題に対する答えをもつが、他の団体はそうではないか、あるいはどのような立場を代表するのかをめぐって会員の間に議論がなく、民主的というにはほど遠い。どのみち、どれほど民主的なNGOであっても、政策決定についてNGOに対等の影響力をもたせようという政府はない。

多くの場合、NGOはしだいに性格を変え、地雷禁止や貧困撲滅といった単一の問題《シングル・イシュー》に絞ったキャンペーン組織という立場をとっている。こうした大義の重要性はだれにも否定できない。でも、そうしたNGOでは、現代の問題の互いに絡み合う複雑さを受け止めることはできない。ライブ8キャンペーン［二〇〇五年のG8首脳会議に対しアフリカ支援を訴えた］は、広く共有されている懸念が、単純すぎる解決として表われた典型例だ。貧困問題からテロ問題まで、重要な政策課題はどれも多極的な特徴をもち、対象範囲の狭いキャンペーンでは満足に解決できない。「G8宛」にメッセージを送ることは、ほんとうの政治参加にはならない。

理想主義

どのような優先順位づけも、いつも絶対とはかぎらない。そう言ったアイザイア・バーリンの洞察は、多様で複雑な世界でますます真実性を帯びている。

僕たちはそれと向き合わなければならない。政治とは、交換条件と妥協だ。人間の欲求と要求は互いに譲り合わなければならないことが多い。これが、すぐれた政治プロセス――議論から選択、そして決定へ――の本質であり、ここには民主的な検証が必ずある。要するに、僕たちにはグローバルな政治が必要だ。

グローバルなキャンペーンが個別の問題だけに取り組むものなら、絡み合った問題と取り組むことができるのはグローバルな政党しかない。何らかの形で選ばれた政党だけが、人々を代表する完全な正当性を表明できる。NGOにはいつもこの正当性の課題がある。

グローバルな政党などというと、救いがたくユートピア的に思えるかもしれない。でも、この発想はまったく論理的だ。政党なら、党を支持する人たちを代表することを正当に表明できる。国際的な対話の場で、目先のことだけを考えて「国益」の調整に明け暮れる政府。その「ゼロ・サム」ゲームを乗り越えさせてくれるのは、グローバルな政治だけだ。

といっても、世界議会をすぐに設置しろというわけではない。問題を解決するには、組織をつくれば済むという話ではない。組織は自然に発展して、正当と認められるようにならなければならない。欧州議会は、発足当初からまさにこの問題に悩まされてきた。ヨーロッパ共同体（当時）の「民主主義の赤字」という問題に対する、エリート主義的回答として設立された欧州議会は、一般市民に受け入れられようと苦闘しているが、その手続きの途方もない膨大さと加盟国の急激な拡大が足をひっぱっている。組織は、構想されるものではなく、求められるべきものだ。

まず、キャンペーンを政党に発展させるところから始めればいい。政党が成長すれば、国連総会にならぶ組織が設置されてもいい◇16。議会ではないが、選出された個人からなる組織として、安保理と国連総会で協議される議題に解決のアドバイスを提供するのだ。決定権はもたない（決定権を求めれば、多くを求めすぎることになるだろう）。欧州議会が示してきたように、権限さえ与えれば一般市民を代表する正当な組織ができるわけではない。むしろ組織はまず自然に発展して、正当性を認められるようになっていく必要がある。

この組織の選挙は民主的でなければならない。それが、世界中で民主主義を促進することにつながる。国連総会のような不均衡を避けるために、人口に比例することにする。国連総会では、人口のずっと少ない小国が、投票数で大国に勝っている。

欧州議会のような莫大な経費（とそこから来る不人気）を避けるため、新組織はほとんどオンラインやビデオ会議で会合をすることになるだろう。ときどき、持ち回りで正式な会議を開催する。こうすれば、生活費の高い国際都市である各国の首都に、金食い虫の官僚を新たに住まわせなくて済む。

この組織は、一〇年といった限られた寿命をもってもいいかもしれない。国際的な議論をする場として、尊重され影響力をもつものになれるかどうかの試運転だ。めでたく試験を通れば、さらに国際会議を開いて、初めてこの組織に、限られた権限を認める（まず国連予算に共同の決定権をもつところから）。この権限は時とともに大きくなってもいい（ただし長期のプロセスで）。

もちろん、想像力の大きな飛躍だというのは承知のうえだ。しかし、いま必要なものはおそらく、ほんの少しの理想主義だろう。

この本では、選挙を経ていない官僚が、承認も検証もされずに権限をもっていることを批判してきた。官僚たちが――しばしばまずいやり方で――取り扱っている、僕たちの共同の課題は増える一方だ。

長期的に見れば、解決策は、選挙で選ばれた代表が官僚に代わることしかない。この発想が今日これほど現実離れしたものに見えるのはおかしなことだ。

僕たちの共通課題の解決には、政策の担い手として正当とみなされ受け入れられた人間が、賢明な共同政策をたてることが緊急に求められている。そうしなければ、まちがった政策決定がつづき、国際機関は権威と影響力を求めて苦闘しつづけるだろう。その一方で、放置されている多くの人々が正当な権利を奪われていると感じ、不満をぶちまけるために暴力に訴えることになるだろう。だとすれば、僕たちが取るべき道は明らかだ。

——こうしてみると、僕は、自分がまたしても外交官時代のように、他の人たちの問題に対して、もったいぶった解決策を語っているのに気づく。

僕はただ、このようにだけ言うべきなのかもしれない。

イギリス外務省で実践した従来の外交——世界の問題の扱い方——で、僕は「道徳観を失い」、信条も意義も見失った。僕が運営と擁護に手を貸したシステムは、世界の現実からも、僕が大切にしているものからも、外れていたような気がする。多くの場合、つくりごとにすぎなかった「われわれ」の要求を並べたてる仕事には、意味も価値も見出せなかった。他の国と人々のために働くようになってから、つまり「われわれ」の選んだ解決策を（相談もせずに）押しつける代わりに、まずその人たちの要求を知るようになってから、ようやく意味と価値を見出せるようになった。

僕の考え方や選択をすべての人に勧めるつもりはないし、人々のことを理解しているふりをする気もない。ただ僕にとっては、これが正しいのだ。

原注

第1章

01◆ベルギー、オランダ、ルクセンブルグの三国。

02◆非常に乱用されている用語だが、この文脈では、生物・化学・核兵器と、射程一五〇キロ以上のミサイルを指す。

03◆国連（UN）監視（Monitoring）検証（Verification）査察（Inspection）委員会（Commission）。これは僕が歴史にのこした小さな足跡だ。この委員会の設立を決定した安保理決議一二八四（一九九九年）の交渉中のある夜遅く、この名前を僕が考え出した。

04◆僕たちはみんな、ジョージ・W・ブッシュ大統領に感謝しなければならない。二〇〇六年七月の主要国首脳会議（サミット）で、ほんとうの外交がストレートで庶民的だという真実を、不用意にではあったものの、明らかにしてくれた。マイクが拾ってしまった会話で、ブッシュ大統領はブレア首相に（セーターの贈り物に礼を言った後）、レバノン危機の解決について「これで、シリアとヒズボラに、こんなくそいまいましいことをやめさせられる」と言っていた。このような言葉使いをするのは、決して大統領だけではない。外交場面でのふるまいや言葉遣いが洗練された、エレガントな控えめなものだ（たしかに「外交的」という形容詞はそうした言葉遣いを指して使われる）というのは、よくある誤解だ。現実には、外交はずっと粗野で、粗暴なことが多い。たとえば、僕はアジアの国の年配の大使にこう言われたことがある。「カーン、君に同意するくらいなら、けつにぼろスプーンを突っ込まれたほうがましだね」

第2章

01◆特にお勧めは、Samantha Power, *A Problem from Hell: America and the Age of Genocide* (Flamingo, 2003).

02◆かつてのユーゴスラビアの首都ベオグラードに大使館をもっているということだけでは、もちろん役には立たない。ベオグラードからの報告はどうしてもユーゴ政府の見解を反映しがちだ。サグレブにもサラエボにもプリシュティナにも外交官はおかれていない。こうしたこともまた、「国家中心」主義の世界観がこの紛争についての誤解を引き起こすもととなった。

03◆ドイツの法律では、国境が変更されてきたドイツの歴史の名残で（国境は一九九〇年の統一でようやく「確定」した）、市民権は、生まれた場所ではなく血筋（または人種）に従って与えられる（出生地主義に対して、血統主義）。そのため、ドイツ人かどうかを決定するのに民族性と宗教が特に重要になる。トルコ人の両親に生まれた子どもは、ドイツ語を「母」語として育ったとしても、ドイツ人とみなされない、ということがここから説明できる。国家から法律的にもドイツ人とみなされないし、ほとんどとは言わないが多くのドイツ人から文化的にもドイツ人とみなされない。また、もともとはドイツ人だった人から家系が始まる（何世代も前であっても）ロシア人には、無条件にドイツ市民権がある一方で、ドイツで生まれたトルコ人には、二世やときには三世であっても、市民権がないということも起こる。理論を支持するショッキングな証拠の一つだが、ドイツ移民局の官僚は、ドイツ系を標榜するロシア人の表明の真偽を確かめるために、第二次大戦中にナチス親衛隊（ＳＳ）によってつくられた、ロシアへのドイツ人入植者のリストを使っていると言われていた。

04◆外務英連邦省の要請により、国家安全保障を確保するため、本章に修正が加えられた。同様に本書の他の部分にも修正が加えられている。

05◆僕よりもアフガニスタンに詳しい専門家の一部は、強力な中央政府と従属的な地方を前提とする政策はナイーブだと論じている。第一の理由は、全員が少数派であるこの国が、本質的に部族社会的で、ばらばらだという特徴を認識していないということだ。もっと有効な戦略は、もう少し中央集権的でない構造を構築することだと彼らは言う。たとえば、Charles Santos, "The Myth of 'One Afghanistan'", *Los Angels Times*, May 25, 2003.

第3章

01◆最近、ニューヨークの国連本部では、二年任期の安保理非常任理事国を、「選出された」理事国と呼ぶのが流行っている。選挙を経ない五常任理事国（米、仏、ロ、中、英）と対照して、こうした非常任理事国に正当性があるとされるのを強調するためだ。僕は「選出された」という言葉を使わないことにした。理由は、この言葉が不正確だからである。一〇の非常任理事国のほとんどは、競合する候補のいる選挙を経るわけではなく、地域枠とアルファベット順に従って機械的に理事国の座を与えられる。毎年改選される五つの非常任理事国のうち、競合候補のいる選挙で加盟国による投票を経て理事国の座を獲得するのは、二つだけだ。そしてこの場合も、各国間の舞台裏での取引で、話がすでにまとめられていることが多い。

02◆この章には、最近噴出した「石油食糧交換『スキャンダル』」の議論はない。この問題については、ポール・ボルカーによる優れた調査（僕も詳しく証言した）に付け加えることは何もない。

03◆この用語は、いまでは多くの人にとって耳慣れたものだが、生物・化学・核の非通常兵器を含む。イラクの場合は、射程一五〇キロ以上の弾道ミサイルも入る（詳細はすべて、「全決議の母」である安保理決議六八七で定められた。この決議は一九九一年にイラクの義務の条件を厳密に定めたものだ）。

04◆安保理で特定の問題の交渉を担当する代表団が、国連の非公式用語では従来「専門家」と呼ばれてきていることをお伝えするのは気が引ける。気が引ける理由は、もちろん、僕も含めて代表団のほとんどは専門家などではなく、担当する国について、いかなる直接の知識ももっていないからだ。

05◆BBCテレビのインタビューでのグリアの発言から。

06◆「アラブの町中」という言葉は、このようなオリエンタリズム丸出しの表現に対するエドワード・サイードの厳しい批判にもかかわらず、西側の外交が中東を描写するとき、相変わらずふつうに使われている。他のこうした表現と同じように、記述すると称している対象についてよりも、この言葉を使う側についてずっと多くのことを教えてくれる。この言葉が出てきたら、その筆者は、町中というのがどこであれ、その近くにはどこにも行ったことがないと思ってまちがいない。

07◆たとえば、Barbara Crossette, "Ssh, they're arguing", *New York Times*, 17 June 2001.

08◆「禁止」という言葉は単純化だ。イラクによる物資の輸入は、純粋に軍用の物資を除けば、どのような場合も明確に禁止されていたわけではないからだ。けれども、リストにあるこうした物資の輸出は国連制裁委員会（安保理管轄の委員会）によって「審査」されることになっており、委員会が物資の最終使用目的がまちがいなく民生用であると判断すれば、承認されることもあった。

09◆こうした方法については第四章で論じているが、おおまかにいえば、全面的な貿易制裁ではなく、イラク政府による違法な石油輸出（トルコ、シリア、湾岸を通して）の防止に焦点をあてた対策を厳密に実施し、イラク国境での密輸監視を強化することに相当する。さらに別の対策は、政権が国外に所有している違法な金融資産を徹底的に追及することだ。英米両政府は、こうした対策をどれ一つとしてきちんと精力的に追求しなかった。そのため、制裁がイラクに決議を順守させる圧力として機能しない状況を生じさせることにつながっただけでなく、人道的に悪影響を与えることになった。二重にまちがった政策だった。

第4章

01◆本章第一稿の初出は、*Financial Times*, 29 January 2005.

02◆イラクの大量破壊兵器に関する機密情報の使い方をめぐって行われた、イギリスの公式調査で、委員長はバトラー卿。二〇〇四年夏に僕も証言した。

03◆「石油食糧交換」スキャンダルをめぐるボルカー調査では、そうした証拠は何も見つからなかった。

第5章

01◆国際関係の理論で、ゲームの比喩はしばらく前からよく使われてきた。たとえば、「ドミノ理論」は、誤りだと言うことが明らかになったが、もし一つの国が共産主義に屈すれば、止めようのない連鎖反応が起き、近隣諸国も共産主義に「ひっくり返る」という考えを示したものだ。ドミノ理論は、アメリカのベトナム介入を正当化する主な基盤の一つだった。

02◆ありがたいことに、この政策はすぐ変更された。おおむね、労働組合から圧力がかかった結果だった。いまでは、初めて同性愛者であることをカミングアウトした大使がいる（以前にも、公にはしなかったが同性愛者の大使は大勢いたと思われる）。

03◆ジョージ・レイコフは以下で問うている。George Lakoff, *Whose Freedom?* (Farrar, Straus and Giroux, 2006).

04◆この失態以来、フランスが拒否権をちらつかせたために決議が採択できなかったと言う言い訳が、イギリス官僚にとってふつうになった。実際には、いずれにせよ、決議草案が採択に必要な九票近くを獲得できたという証拠はどこにもない。当時の安保理の他の理事国に僕自身が探った感触では、イギリス草案への賛成票は六票程度だった。言いかえれば、どちらにしても決議は採択されえなかったはずで、不採択の理由とされている拒否権は実は問題ではなかった。

05◆なかでも、Brendan Simms, *Unfinest Hour: Britain and the Destruction of Bosnia* (Allen Lane, 2001).

06◆両側に分けるこの線引きの極端な例は、第三章で書いた。

07◆*Science*, 7 October 2005.

08◆*The Economist*, 29 July 2006.

09◆Philip E. Tetlock, *Expert Political Judgment: How Good Is it? How Can We Know?* (Princeton University Press, 2005).

第6章

01◆世界のどこのできごとであれ、英政府は、米政府と同じように、グリニッジ標準時（GMT）または「ズールータイム」といわれる時間を基準にしている。英軍も同じ時間を基準にしており、この時間基準は政府にとって、軍という国家のもう一つの重要な代理人と共通のアイデンティティを形成するための、ささやかな方法の一つだ。

02◆この例は、北アイルランドの例と同じように、紛争を解決するとはいわないが、少なくとも紛争に注目を集めるには、テロが「功を奏する」と信じるもう一つの理由になっているのではないかと危惧している。

03◆「インディペンデント・ディプロマット」（第一〇参照）は、現在、ポリサリオ戦線に対して外交に関するアドバイスを行っている。

04◆Richard Layard, "Happiness: Has Social Science a Clue?", Lionel Robins Memorial Lectures, London School of Economics, March 2003.

05◆*The Pew Research Center for the People and the Press 2002 Global Attitudes Survey; Gallup International Survey, the Voice of the People*, September 2002.

06◆第四章参照。

07◆*Financial Times*, 28 May 2003.

08◆たとえば、Robert Cooper, *The Breaking of Nations* (Atlantic Books, 2004).

09◆現在ではイギリス政府は「ムスリム層」の意見を聞いているが、僕がイスラム世界問題の担当をしていたときには、そのようなことは一度も行われなかった。

10◆モロッコに関するアムネスティ・インターナショナルの報告。

11◆この投げやりな姿勢は外交官の間で広く共有されている。国連安保理のいわゆる六六一委員会で僕が対イラク制裁を担当していたとき、もっとも手ごわい反英派論客は、アレクサンダー・Sというロシア外交官だった。彼は見事な英語を駆使して、僕たちの論拠を隅々まで粉々に打ち砕いた。知りあいになってみると、彼が自分の働いているシステムに、ほんのわずかしか、あるいはまったく信頼を置いていないことがわかった。彼にとっては弁護士としてのただの仕事で、主張のための主張にすぎなかった。「何もかもくだらない」。顔をしかめて彼は言ったものだ。

12◈二〇〇六年一〇月一七日、キム・ハウエルズ外務担当国務大臣［担当国務大臣は、各省庁におかれた担当別の職掌。いわゆる大臣に次ぐポスト］は、議会質問に次のように答えた。「わが国は、コフィ・アナン国連事務総長、およびペーター・ファン・ウォルサム西サハラ派遣事務総長特使が、関係者に対し、正当かつ持続的、双方に受け入れ可能な政治的解決に達するよう支援をする努力を全面的に支持するものである。このような解決は、西サハラの人々に民族自決をもたらすことだろう。わが国は、紛争関係者代表及び国連と定期的に接触している。すべての関係者に対し、国連のプロセスへの責任ある参加を促すことを継続していく。しかしながら、近い将来、国連の定めた住民投票が行われる予定はない」

第7章

01◈この大使像は、僕の知っている大使たちを合成したものだ。

02◈一九九一年の戦争は、西欧では広く「湾岸戦争」と呼ばれるが、一九八〇～八九年イランとイラクの間に、はるかに血なまぐさい「湾岸戦争」があった。

03◈第五章参照。

04◈John Gray, *Straw Dogs: Thoughts on Humans and Other Animals* (Granta, 2004).

第8章

01◈Christopher Logue, *War Music* (©Faber & Faber, 2001).［ホメロスの『イーリアス』を題材にした詩集で、引用された詩は、ギリシャ軍総帥アガメムノンとの不和から戦列を離れていたアキレスが、親友の死後、戦列復帰を決意し、アガメムノンに和解を申し入れに行く場面の前におかれている］

02◈Ray Monk, *Ludwig Wittgenstein: The Duty of Genius* (Penguin Books, 1991). レイ・モンク著『ウィトゲンシュタイン——天才の責務』（岡田雅勝訳、みすず書房、一九九四年）

03◈ジョージ・レイコフの比喩をめぐる著作がこうしたことすべてについて教えてくれる。

04◆二〇〇三年、アカバでの中東サミットで、ブッシュ大統領は、イスラエルのシャロン首相とパレスチナ暫定自治政府のアッバス首相がそれまでいた公式議場から庭に出てくるところを、自分がいかに入念に観察していたかを語った。「二人の間の関係を見たかったんだよ。まずは、二人が相手のいるところでリラックスできるかどうかね。で、できてたという感じだった」（*Financial Times*, 6 June 2003.）

05◆ニュースクール大学のニナ・フルシチェワは、たとえ政治家が嘘をついているときでも、文化は決して政治について嘘をつかないと論じている。たとえば、アメリカが帝国的構想を持っていることをラムズフェルドが否定していても、『トロイ』、『アレキサンダー』、『キングダム・オブ・ヘブン』という同時代の映画は、別のことを物語っている（*Financial Times*, 19 April 2006.）。僕としては、フルシチェワが言うほどのことが言えるかどうかはわからないと思う。『カポーティ』、『ブロークバック・マウンテン』、『クラッシュ』といった映画は、別の物語をうかがわせる。

第9章

01◆記事を少しだけ編集しなおしたが、スタイルも内容も基本的には、二〇〇〇年一月に書いたときのままだ。

02◆ある晩、ニューヨークで、僕はこの機関の新しい名前を考え出さなければならなかった。合意に達するには、そのときまでイギリス草案にあった名前を変更することが必要だと思われたという理由があった（ＵＮＣＩＩＭという略語で、国連（ＵＮ）委員会（Ｃ）査察（Ｉ）調査（Ｉ）監視（Ｍ）という意味だった。ロシアとフランスの耳には、犯罪者追跡のために構想された委員会とあまりに似すぎていた）。新しい名前には、監視（Ｍｏ）、検証（Ｖ）、査察（Ｉ）、委員会（Ｃ）という重要なコンセプトを組み入れることが必要だった。ＵＮＭＯＶＩＣは、何時間もクロスワードパズルのようにあれこれ考えた挙句に、考え出したものだ。

03◆決議全文は以下のＵＲＬを参照。
http://daccessdds.un.org/doc/UNDOC/GEN/N99/396/09/PDF/N9939609.pdf?OpenElement

04◆Thomas S. Kuhn, *The Structure of Scientific Revolutions* (University of Chicago Press, 3rd edn, 1996). トーマス・クーン著『科学革命の構造』（中山茂訳、みすず書房、一九七一年）

05◆第二章で検討した、この現象の典型的な例として、ユーゴスラビアの崩壊をあげたい。この戦争を「内戦」と見る見方を変えたのは、スレブレニツァの虐殺だけではなかった。当時の保守党政権にとっては、内戦ではないと認めることは心理的に不可能だった。けれども虐殺が起こり、またあまり内戦とは言えなさそうだという認識が生まれてきたこともあって、後を継いだ労働党政権内にパラダイム・シフトが引き起こされた。労働党政権は後にコソボで、介入にずっと積極的なアプローチをとった。

第10章

01◆ソマリア、コソボ、西サハラはすべて国連安保理の議題に入っていた。

第11章

01◆ゼネラルモーターズ（GM）は、元従業員と現従業員の年金を拠出するため、八五〇億ドルに上る巨額の負担を負っている。

02◆イギリスの武器学者（僕の元同僚でもある）デイヴィッド・ケリーの死に関する調査［二〇〇三年八月から九月にかけて行われたハットン独立司法調査委員会。ケリーの死を自殺とするとともに、BBC報道を退け、ケリーを情報源としたことについて首相の関与を否定した］で、国防省の証言者の一人、ブライアン・ジョーンズは、「『大量破壊兵器』という言葉は、いつでも使える便利な言葉になり、僕の考えでは、この問題の議論を混乱させることがままあると思います」と言っている。

03◆http://www.securitycouncilreport.org

04◆この提案を非現実的だと感じる人たちがいるのはわかっている。トロツキーは「過渡的発想」という概念を示してくれた。現状では実現不可能とわかっている要求でも、その要求をすることによって、現行のシステムをよりよく変えられる可能性があり、最終的には、要求が実現できるところまで変化が進むかもしれない、ということだ。

05◆たとえば、僕もイギリス国連代表部も、イラクの生物兵器プログラムに関する証拠の専門的解釈について、デイヴィッド・ケリーに頼っていたが、彼もこうした専門家の一人だった。たとえば僕は、ケリーやその他化学兵器や弾道ミサイルの専門家に、他の安保理理事国代表団向けにイラクの兵器プログラムについてブリーフィングをしてくれないかと何度も頼んだ。ある意味では、『トゥデイ』による、あの悪名高い、英政府発表イラク文書漏えい事件の後にイギリス政府が描いたケリー像とは矛盾して、イギリス国連代表部の僕たちはケリーのことをイギリスでもっとも重要な権威ある専門家だとみなしていた。

06◆要するに、まちがいというのは、イギリス製品をイラン国王シャーに売りつけたいあまり、大使館が現場の政治状況報告を無視していたということだ。駐イラン大使サー・アントニー・パーソンズの言うところによれば、大使館は、地元言語を流暢に話し、大使館の外に出て一般市民の声を聞く仕事ができる外交官をいつも確保しておくべきだという。彼はまた、ロンドンに送られる報告が、イギリスの国益にとって有利な展開を強調し、それほど肯定的でないニュースは軽視する傾向があることにも警告を発している。

07◆http://www.crisisgroup.org

08◆ドイツ配属時代の大使が一度、僕に疲労困憊した様子で話してくれたところによれば、七日のうち六晩も、公式客をもてなすか公式晩餐会に出席していたという。

09◆*Amnesty International Report*, 20 July 2006.

10◆「オープンソサエティ（開かれた社会）」財団——「開かれた政府」ではない、念のため——は、中国で操業するIT企業向けの行動規範を、大学と共同でまとめている。

11◆国連「グローバル・コンパクト」は、この課題に向けた第一歩だったが、もっと普及する必要がある。「グローバル・コンパクト」は、始めた国が国だけに、大きな運動にはなっていない。

12◆Kwame Anthony Appiah and Henry Louis Gate, *Cosmopolitanism:Ethics in a World of Stranger* (W. W. Norton, 2006).

13◆経済学者なら、この懸念は、個人が慈善にあてようと決めた額で簡単に測れると言うかもしれない。けれども、それでは、支援の有効性やその他の関係要因について、人々が持っているかもしれないためらい——そのような寄付を思いとどまらせる可能性がある——を考慮に入れていないことになる。

14◆Shirley Hazzard, *People in Glass Houses* (London: Macmillan, 1967) は、こうした問題が、気のめいるほど長年続いていることを示している。

15◆論議を呼んだマロック＝ブラウンのスピーチ参照。"Power and Super-Power: Global Leadership in the Twenty-First Century" at the Century Foundation and Center for American Progress - Security and Peace Initiative, New York, 6 June 2006.

16◆これもまたもう一つの「過渡的発想」かもしれない。

日本語版へのあとがき

日本の読者に向けて本書が翻訳出版されることは、僕にとってとても名誉なことだ。また同時期に本書は韓国でも出版される。日韓両国での発行を実現してくれた英治出版に感謝している。

この本は、外交をめぐる回想録だ。その考察でもある。だが、まず何よりも、行動の呼びかけだ。僕たちは、外交官や政府に敬意を払うことに慣れている。彼らは国際問題の「専門家」。一方、僕たちは従順な市民。だから、市民は専門家に頼って、自分の代わりにものごとを動かしてもらわなくてはならないと考えがちだ。

外交官の仕事は、実は僕たちの仕事にほかならない。僕たちが世界とどう関わるかについての仕事なのだ。ところが、この仕事は外務省や国際機関の閉じた扉の向こうで行われ、難解で不可解な専門用語と独特の言い回しの後ろに隠されている。そして僕たちは、疑問を呈さないこと、閉じた扉の向こうをのぞかないこと、そこで何が起こっているか質問しないことを求められている。

僕はイギリス外交官として、何年も、そうした閉じた扉の向こうで働いた。僕の経験は、残念ながら、日本や韓国を含めて、ほとんどすべての国の外交にあてはまる。僕が見出した問題点や欠陥は、イギリス外交に特有のものというよりは、世界中の外交につきものだからだ。

僕たち市民は、外交官に尊敬の念を抱く。外交官もそう求めている。しかし実は、彼らはその尊敬に値しない。そのことを本書は示していく。

外交が扱う問題には、今日、僕たちが直面する、もっとも重要な課題や問題が含まれている。戦争、テロ、気候変動。ところが、外交は、ひどくお粗末で無能なやり方で行われているのだ。

外交についての議論は、あまりにも多くの場合、議論の対象となっている場所からはるか遠くで行われている。僕がこのことに気づいたのは、国連安全保障理事会で、イラクやアフガニスタンをはじめとする危機発生地域を扱っていたときだった。戦争と平和の問題をめぐる世界のコックピットである安保理。だが、そこでの議論は、ほとんどの場合、問題から「離れて」行われる。

そのうえ、まちがいが起きたとき、外交官が自分の行動の責任を問われることは、ほとんどまったくと言っていいほどない。外交官は、僕たちの問題に大きな影響力をもっている。ところが僕たちの方は、外交官が僕たちの名のもとに行ったことについて、外交官に質問したり、問いただしたり、責任を追及したりたりする力をもっていない。

二一世紀の世界は、数々の重大な課題を僕たちに突きつける。世界史に例を見ないことばかりだ。大量殺傷能力をもつ武器を手にしたテロリスト。人類の生存そのものを脅かす気候変動。歴史上、類を見ない膨大な数の移民・難民。こうした問題の扱いを、現実とのつながりを欠いた、一握りの無責任なエリートの手に任せていてはならない。政策決定の影響をこうむる僕たち市民が、自ら議論に参加し、貢献することをめざすべきだ。

外交官として政府組織の中枢で働き、テロの問題やイラクの大量破壊兵器の問題（僕はイラク担当だった）や地球環境の問題を扱ってきた僕は、残念ながら避けて通ることはできない結論に至った。政府と、それを代表する外交官には、こうした課題に対して有効な取り組みをする能力がない、ということだ。その理由を本書は説明する。

政府が機能するには、どうしても一種の「単純化」に頼らざるをえない。世界をチェス盤のように眺めて、問題を「彼ら」と「われわれ」の二項対立の構造でとらえることになる。だが言うまでもなく、世界はそれよりもかぎりなく複雑で、互いに結びつき、変化する。

外務省や国連の会議室などに閉じこもっている外交官は、世界の現実からも、自らが下した決定の影響からも、遠く離れたところにいる。外交官は、「国益」と「リアルポリティーク（現実政治）」を考慮して行動するが、国境を越えるグローバルな課題を抱え、移民の流れが止まらない今日の世界では、こうした考え方は時代遅れで、有効性を欠く。

市民社会の一員として、僕たちがするべきことははっきりしている。こうした課題の解決を政府と外交官に任せるのは無責任だ。僕たちは、外交を自分たちの手に取り戻し、課題の解決を自ら引き受けなければならない。

カーン・ロス

二〇〇八年一二月　ニューヨークにて

謝辞

本書の準備を支援していただいた多くの方々に感謝したい。調べものや見直し、アドバイスなど実際の手助けをいただいた方もあるし、一緒に話し合ったり、触発していただいたり、あるいはただ話を聞くことで手伝ってくださった方もある。すべての方々に感謝している。もちろん本書に誤りがあれば、僕自身の責任だ。

特に本書を出版してくれたハースト・アンド・カンパニー社のマイケル・ドワイヤーには、励ましと貴重な批判に感謝したい。どれほど力になったかわからない。コーネル大学出版会のロジャー・ヘイデン、ハースト・アンド・カンパニー社のマリア・ペタリドウ、「世界政治危機」シリーズ編集者諸氏、ブレンダン・シムズ、タラク・バルカウィ、ローズマリー・ブルック、カイゾー・コンサルタント社のマヤ・ズパンにも感謝したい。

ニューヨーク、ニュースクール大学のマイク・コーエン、ジョナサン・バックにも大変感謝している。大学院の国際問題に関するコースでフェローにならないかと声をかけていただいたおかげで、考える時間と余裕ができた。本書を書く過程でお世話になった方々もいる。原稿を読み、調べものをし、発想やエピソードについて議論もしていただいた。ジョナサン・エイガー、アルディアン・

アリファジ、アスマア・ドナヒュー、ヴァネッサ・ハウ-ジョーンズ、クリス・キリアコウ、アンジェラ・ルイス、アンドリュー・ロイド、ウィリアム・メイリー、エドワード・メイソン、レベッカ・ミード、タニア・メクレンボルグ、マーク・ロバーツ、イムラン・シャフィ、セーラ・ロス、ニール・サンディン、ステファニー・トーマス、アントニー・ウィルソン。イニゴー・トーマスは、常に親友として励ましとアドバイスを与えてくれた。友人のレイラ・パーソンズとロブ・ウィノフスキーにも特に感謝を捧げたい。二人ともいまはカナダの大学人だが、「論法」「ストーリー」、そして特に「画一的イメージによる図式化」といった概念に僕の目を開かせてくれた。世界や概念について、彼らと議論するのは何よりも楽しかった。

インディペンデント・ディプロマットという組織の実現を支援していただいた多くの方々にも感謝したい。アンリミテッドのパトリック・シャインとジョン・ラファティ、ジョセフ・ラウントリー公益信託のダイ・スタッブス、スティーブン・ピタムと理事各氏、オープンソサエティ財団のアリエフ・ネイヤーとジョージ・ソロス、オーク財団のアドリアン・アリーナ、そして「?:ホワットイフ!・イノベーション」(特にロンドンのジェームズ・ベイダーマン、ポール・ウィルソン、クリス・ミュリンと、ニューヨークのメルドラム・ダンカン、ニナ・パウエル、僕を歓迎してくれたスタッフ諸氏)、こうした方々はみんな、「インディペンデント・ディプロマット」を支援し、活性化に多大の貢献をしてくださった。順序が後になってしまったが、以下の方々にも謝辞を捧げたい。国際法律事務所のロヴェルズ、クリアリー・ゴットリーブ・スティーン・アンド・ハミルトンＬＬ

P、ニューヨーク大学法学部（特にサイモン・チェスターマン）、国際上級弁護士プロジェクト（特にジャン・バーマン、エルドン・グリーンバーグ）からは無料で支援をいただいた。ポール・キーチ議員、マッキンゼーのジェレミー・オッペンハイム、アショカのオリヴィエ・カイザーとベン・メッツ、そしてバロネス・フランセス・ドゥスーザからは、温かい精神的支援と実際的なアドバイスをいただいた。団体設立当初の大変な時期に支援をしてくれた父にも感謝している。いとこのステファニー・グラントは、常に貴重な支援と知恵の源だった。「インディペンデント・ディプロマット」の理事会とスタッフには、感謝してもしきれない。彼らは「インディペンデント・ディプロマット」そのものだ。彼らなしには、「インディペンデント・ディプロマット」は存在しえない。

外務英連邦省の元上司・同僚たちにも感謝したい。外交についてだけでなく、多くを教えていただいた。特にサー・ジェレミー・グリーンストック、ロバート・クーパー（現在はEUにいる）、アリソン・ベイルズ（現在はストックホルム国際平和研究所）、デイヴィッド・リッチモンドは、それぞれ違う形で、いろいろな刺激を与え鍛えてくれた、温かい上司だった。外務英連邦省や外交の「論法」（もしそう呼べるなら）に対する僕の批判は、彼らに対するものではなく、制度に対するものだ。省の多くの友人にも感謝している。仲間だったことがいまでも懐かしい。

最後に、本書を妻のカーメンに捧げる。とても言いつくせない形で、僕を支え、導いてくれた。彼女なしには、本書に書かれた旅が始まることはなかった。

二〇〇七年一月、ロンドンにて　C・R

訳者あとがき

著者カーン・ロスは、一九八九年、イギリス外務省のなかでもエリートコースである「ファスト・ストリーム」に入った。そのまま行けば、大使の地位と爵位が待っていたはずだった。それを投げ打つのは、エリートにあるまじき、非常識なことと見られたにちがいない。

辞職を決意する直接のきっかけとなったと言う、二〇〇四年六月の議会バトラー調査委員会への証言は、内部告発というべきものだった。イラク戦争正当化の根拠を真っ向から否定するこの証言は、イギリス政府が公務員機密保持法を持ち出して公開を阻み、二〇〇六年一二月にようやく公開されている。(1)

「役所」を愛していた著者が職を辞すに至るまで、各地のイギリス大使館や、対イラク政策を協議した国連安全保障理事会の折衝、また湾岸戦争中にイギリス外務省に設けられた「緊急事態ユニット」などの実像が、自身のエピソードも含めて淡々と描かれる。戦争によってあぶりだされる倒錯ぶり。人命のかかった重大な問題を扱う場所で、実際に何が起こっていたのか。読んでいくと、あまりの落差に、不条理劇でも見ているような気がしてくる。

外交をめぐる虚構を明らかにし、神話を解体した著者に対して、イギリス政府は苦虫をかみつぶしているようだ。本書を紹介した『ニューヨークタイムズ』紙記事（二〇〇七年三月三日）によると、イギリス政府は本書出版前に一部削除を求め、また、ロスが「イギリス外務省の信用を損ね、意欲を削いだ」という声明まで発表した。当時のベケット外相はBBCに対して、ロスが対イラク政策に果たした役割の大きさを疑問視する発言をしたという。記事はこうつづけている。「だが、ロス氏は四年半の間、公式にイギリス国連代表部のイラク専門家だった」。

外務省を辞した著者は、豊富な経験を逆手にとって、これまで「交渉テーブルの反対側にいた」人々の支援に乗り出した。著者が設立したNPOインディペンデント・ディプロマットの最初の顧客のうち、コソボは二〇〇八年二月に独立を宣言した。もちろん簡単な仕事ではない。ソマリランドでは、二〇〇八年一〇月二九日に首都ハルゲイサなどで連続テロが発生して二五人の死者が出た。インディペンデント・ディプロマットは声明を発表して国際社会の認知をよびかけ、時期を逸すれば、ソマリランドがこれまで積み上げてきた安定が水泡に帰す恐れがあると警告した。

西サハラについては、国際人権団体ヒューマン・ライツ・ウォッチが二〇〇八年一二月に報告書を発表したばかりだ。事実上モロッコの支配下にある西サハラ地域と、アルジェリアのティンドゥフ近くにあるサハラウィ難民キャンプで、二〇〇六年から行われた調査によると、西サハラ地域では、独立を求める運動に言論・集会の自由が認められず、活動家の不当逮捕・投獄、警察による暴力などがあるという。また難民キャンプでは、受入国アルジェリアが難民の人権保護の責任を果たしていないことが報告され、懸念が指摘されている。[2]

本書の魅力は何よりも、定石にとらわれない、独立した精神の持ち主である著者の姿勢にあると思う。外交を市民の手に、という型破りの発想も著者なればこそ生まれた。かつて権力に直結する場所にいたが、「国益」や政治力学の論理に取り込まれず、そこで得た知識と経験をいま、権力とは無縁の側と共有する。価値観の対抗軸が失われた現在ではほんとうに希少価値になった、エリートの良心を見る思いがする。

二〇〇九年一月　北村陽子

（1）http://www.independent.co.uk/news/uk/politics/the-full-transcript-of-evidence-given-to-the-butler-inquiry-428550.html

（2）http://www.hrw.org/en/reports/2008/12/19/human-rights-western-sahara-and-tindouf-refugee-camps-0

● 著者

カーン・ロス

Carne Ross

15年以上にわたってイギリス外務省に勤務。1997～98年、英外相故ロビン・クックのスピーチライターを務める。その後4年半、国連安保理イギリス代表部に、中東問題の専門家、一等書記官として勤務。2004年、外務省を辞め、外交コンサルティングの非営利組織インディペンデント・ディプロマット(Independent Diplomat)を設立。国際政治の場で軽視されている、貧しく経験も乏しい政府や政治集団に、外交上のアドバイスと支援を提供する。支援先は、コソボ、ソマリランド、西サハラのポリサリオ運動の他、各種のNGOや国際機関。2008年のコソボ独立に貢献。インディペンデント・ディプロマットは多くの賛同と支持を得て、2009年1月現在、ロンドン、ニューヨーク、ワシントン、ブリュッセル、アジスアベバの5拠点で活動している。2005年、ジョセフ・ラウントリー公益信託によって「公正で平和な世界のためのビジョナリー・ピープル」7人のうちの1人に選ばれた。

www.independentdiplomat.com

● 訳者

北村 陽子

Yoko Kitamura

東京都生まれ。上智大学外国語学部フランス語学科卒。訳書に、スティーブン・ペレティエ『陰謀国家アメリカの石油戦争』(ビジネス社)、キャロル・オフ『チョコレートの真実』、エドワード・ベルブルーノ『私を月に連れてって』(以上、英治出版)。

● 英治出版からのお知らせ

弊社ウェブサイト（http://www.eijipress.co.jp/）では、新刊書・既刊書のご案内の他、既刊書を紙の本のイメージそのままで閲覧できる「バーチャル立ち読み」コーナーなどを設けています。ぜひ一度、アクセスしてみてください。また、本書に関するご意見・ご感想をE-mail（editor@eijipress.co.jp）で受け付けています。たくさんのメールをお待ちしています。

独立外交官

国際政治の闇を知りつくした男の挑戦

発行日　2009年 2月20日　第1版　第1刷

著者　カーン・ロス
訳者　北村陽子（きたむら・ようこ）
発行人　原田英治
発行　英治出版株式会社
〒150-0022 東京都渋谷区恵比寿南1-9-12 ピトレスクビル4F
電話　03-5773-0193　FAX　03-5773-0194
http://www.eijipress.co.jp/
プロデューサー　高野達成
スタッフ　原田涼子、秋元麻希、鬼頭穣、大西美穂、岩田大志
藤竹賢一郎、デビッド・スターン、山下智也、浅木寛子
佐藤大地、坐間昇、虫賀幹華、鈴木みずほ
印刷・製本　株式会社シナノ
装丁　英治出版デザイン室

ISBN978-4-86276-045-6　C0031　Printed in Japan

勇気ある人々

ジョン・F・ケネディ著　宮本喜一訳

「だれの人生にも、自らの勇気を問われる瞬間がある」——そのとき人は何を思い、何を守り、何を賭けて行動するのか。アメリカ史上の偉大な政治家たちの軌跡をたどり、夢と幻想、栄光と挫折、苦渋の決断など、それぞれの生きざまを鮮烈に描く。ジョン・F・ケネディが、当時そして未来の読者に向けて、渾身の力をこめて書きのこした情熱と気迫の人間論。

四六判ハードカバー　本文384ページ　定価:本体2,200円+税

誰が世界を変えるのか

ソーシャルイノベーションはここから始まる

フランシス・ウェストリー他著　東出顕子訳

犯罪を激減させた"ボストンの奇跡"、HIV/AIDSとの草の根の闘い、いじめを防ぐ共感教育プログラム、失業・貧困対策、自然保護、障害者支援……それぞれの夢の軌跡から、コミュニティを、ビジネスを、世界を変える方法が見えてくる。インスピレーションと希望に満ちた一冊。

四六判ハードカバー　本文288ページ　定価:本体1,900円+税

あなたには夢がある

小さなアトリエから始まったスラム街の奇跡

ビル・ストリックランド著　駒崎弘樹訳

「奇跡は起こる。きみは自分の手で、奇跡を形づくることができる」——犯罪と貧困におおわれたスラム街の片隅で、小さなアトリエが少年たちの未来を変えた。アートを通じて人々の心を育む全米注目の社会起業家が、はじめて語った夢実現の軌跡と「人生を変える」メッセージ。

四六判ハードカバー　本文320ページ　定価:本体1,600円+税

グラミンフォンという奇跡

「つながり」から始まるグローバル経済の大転換

ニコラス・P・サリバン著　東方雅美・渡部典子訳

アジア・アフリカの発展途上国で携帯電話が急速に普及している。その経済的・社会的インパクトは絶大だ。バングラデシュで生まれた「グラミンフォン」の物語を中心に、現在進行中の世界経済の激変を活写。ソーシャルビジネスとBOP市場の可能性が見えてくる。

四六判ハードカバー　本文336ページ　定価:本体1,900円+税